#腹筋女子

お腹が割れたら人生変わった！

山崎麻央
監修

JN218065

講談社

鏡の前に立って、「ぽっちゃりお腹をなんとかしたい！」

「腹筋を割りたい！」と思ったとき、あなたはもう、「#腹筋女子」です。

あなたが**「変わりたい！」**と強く思ったとき、それはもう確実に始まり、
そして**ゴールを約束**するのです。
「腹を割る＝美しい腹筋」を手に入れること、
それは「トレーニング」で**誰でも実現**できるものです。
トレーニングの**効果は絶大**です。あなたの**期待を決して裏切らない。**
はじめはわずかでも、その効果を実感すれば、
あなたはもっともっと自分を好きになる！
やればやっただけの成果が得られる……
それが、**トレーニング**です。
筋肉をつけるということ。リクツでいえば、難しいことはいろいろありますが、
確実なことがひとつ。

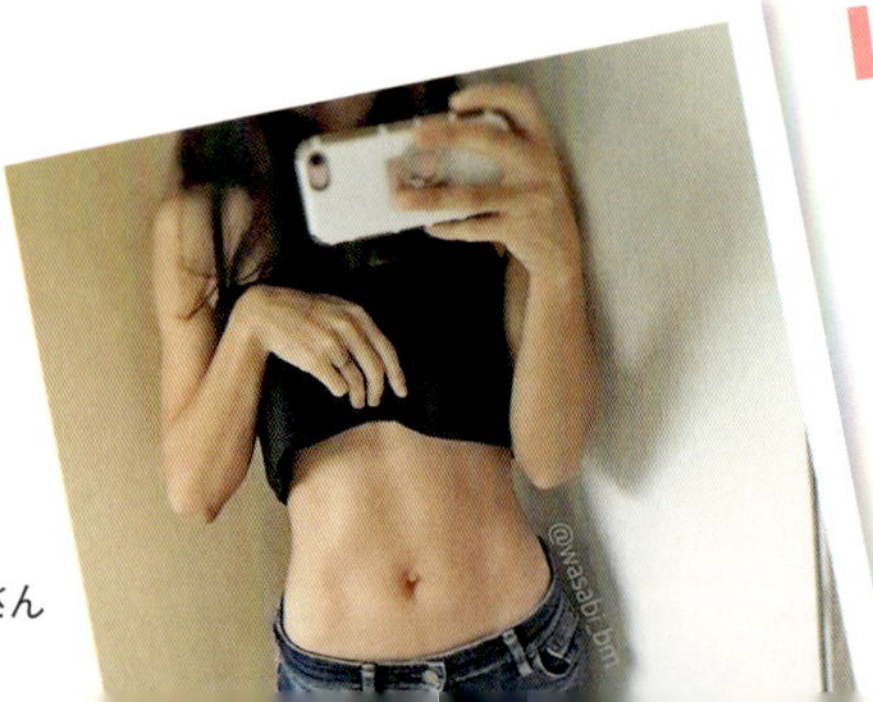

wasabi_bm さん

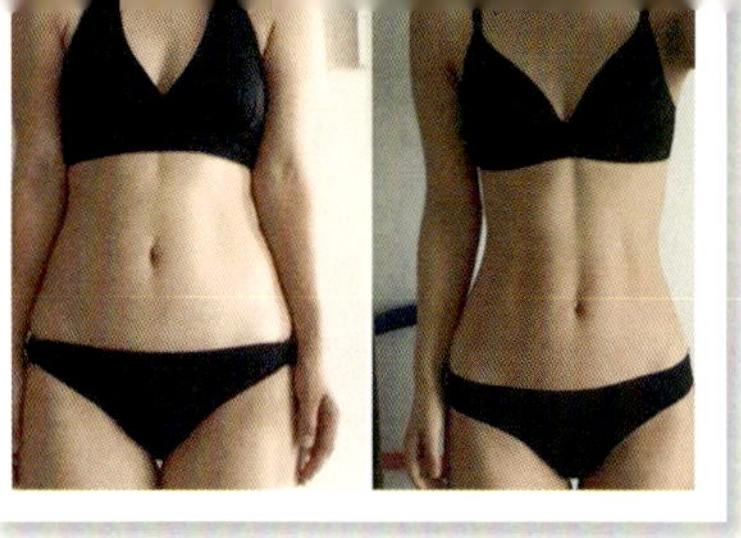

smilelife111 さん

筋肉に刺激を与えて、鍛えるという、そのシンプルな営みは、
必ず結果をもたらすということ。
“なりたい自分”をイメージして、それを信じて、
やるべきことをやれば、必ず「結果」になるということです。
そう、**真実はとてもシンプル。**
そして、「トレーニングがツライ」と思い込んでいるあなた。
それは**大いなる誤解**かもしれません。だって、ツライはずのトレーニングが
「楽しくてしかたがない」ものになるのですから。
#腹筋女子。そこに集った人たちが**起こした奇跡。**
そこには、今、鏡の前に立っている**あなたの未来**があります。

「お腹が割れれば人生が変わる！」

これは、この本に登場する#腹筋女子たちの心の底からのメッセージであり、
あなたの未来を約束するものなのです。
さあ、あなたも今から、

#腹筋女子！

#腹筋女子

お腹が割れたら人生変わった！

目次

Part

大人気インスタグラマーたちのボディメイク成功の秘訣

私たち、腹筋が割れて人生変わりました!

筋トレで変わるのは、見た目だけじゃない。
やればやるだけ、必ず理想の体型へと近づけるボディメイクは
究極の達成感と同時に、自信やポジティブな精神力を与えてくれる。
それはときに人生のベクトルさえも大きく変えてしまうほど!
ボディメイクを始めたことで人生をハッピーに変えた、
リアルな#腹筋女子たちの、サクセスストーリー!

Positive!

smilelife111 さん

nao_mi_74 さ

Active!

aloha168cm_bodymake さん

i.am.manyeo さん

makahou_ さん

azuki322 さん

Happy!

Positive! Active! Happy!

ストレス過食で太っていた私。ボディメイクを始めてからは鍛えた体が自信となり、今ではヨガのインストラクターに！

smilelife111さん

1年前の私は、自律神経が乱れて心身ともにボロボロ。でもボディメイクを開始してからどんどん気持ちが上向きになり、新しいことにも積極的に挑戦するように。痩せるために始めた運動は、今では私のリフレッシュの源であり、心の平和まで取り戻せた気がします。

1年で10kg減量！

Positive! Active! Happy!

このままでは、ただのおばさんになってしまう！ そう思って鍛え出したのがきっかけ。

nao_mi_74さん

元々、太っているほうではありませんでしたが、メリハリのない寸胴な体型が気になりつつも何もしない日々。そんな頃、主人がジム通いを始めて、どんどん体型に変化が……。その姿を見て、やる気スイッチがONに！ トレーニングを始めて約4カ月でお腹のタテ線が見え始め、半年でくびれができました！

28歳と24歳の2人のお子さんがいるママ！

Positive! Active! Happy!

ボディメイクは、いくつになっても始められる！ そして必ず結果が出る！ 37歳からスタートした私がそう断言します！

makahou_ さん

カッコいい40歳を迎えたくて始めたボディメイク。若い人と比べれば変化のスピードは確かにゆっくりかもしれません。でも継続していけば、必ず変わります。この先の未来で、なりたい自分と出会えるように、長い目で楽しみながら頑張ることが、一番の成功の秘訣です！

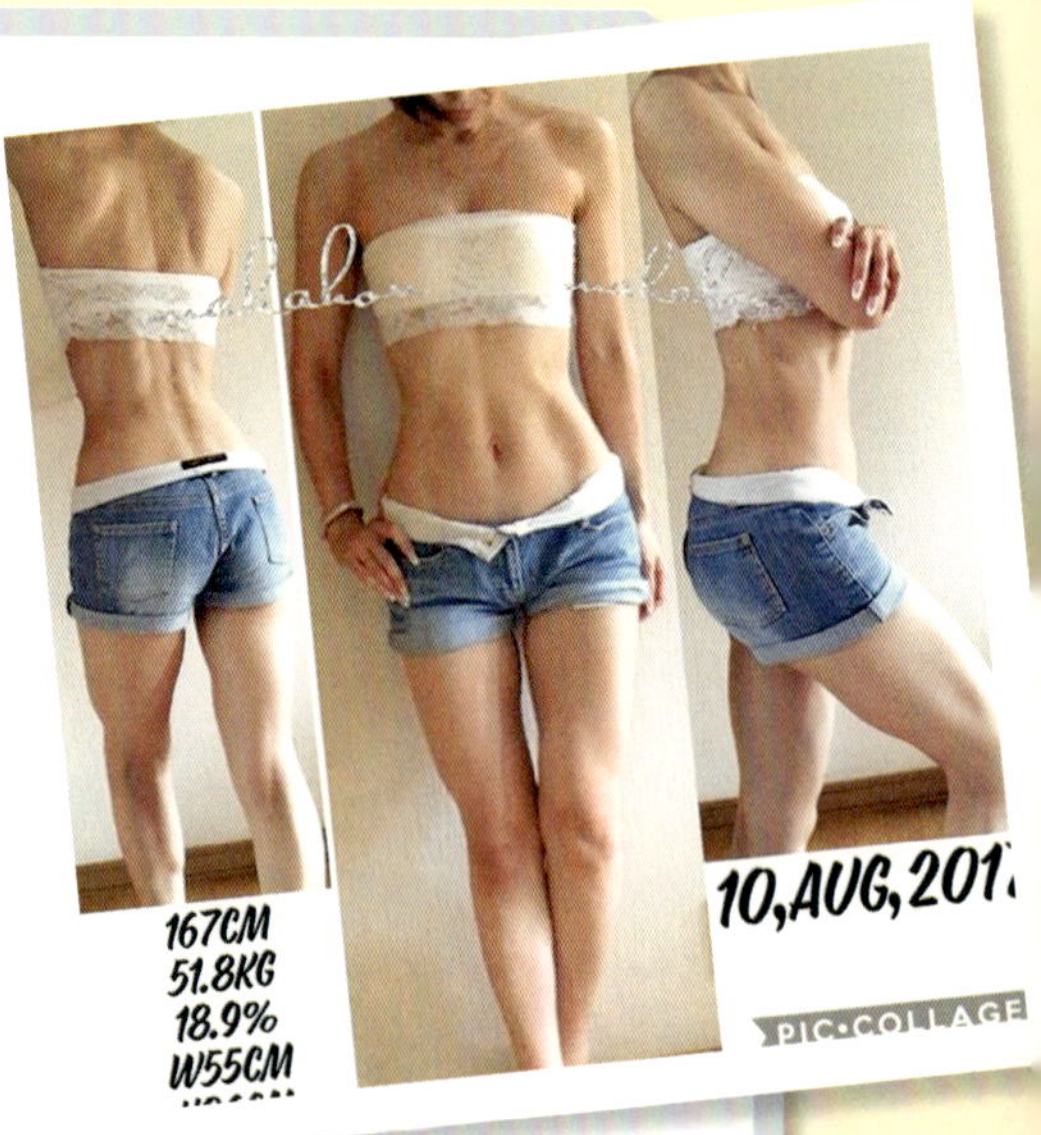

サイズよりも見た目重視！

Positive! Active! Happy!

「努力は必ず報われる」。私のようなぽっちゃりでもアブクラックスを手に入れられたのは、この言葉を信じたからだと思います。

sei_dietさん

36年間ぽっちゃりだった私が意識を変えるには約1年間かかりました。たくさん失敗したし、言い訳もしました。けど、インスタを通じて刺激され、励ましあいながらやっと今の体型になれました。ダイエットもボディメイクも、秘訣は強い意志と継続力だと思います。そして「努力は必ず報われる」、この言葉につきます。

美しいくびれの持ち主！

Positive! Active! Happy!

子どもを２人産み、気づいたときには夫と同じ体重に……。最初は必死だったけど、体は頑張った分だけ応えてくれるから明日も頑張ろうって思って続けられました！

mao.1224.0414さん

脱、三日坊主で15kg減に成功！

痩せたいとは思いつつも、なかなか行動に移せなかった私。だからこそ気持ちを切り替えて行動に移し、努力して継続しないことには、キレイは手に入らないと痛感しています。30歳過ぎて自分のためにこんなに頑張れるって思ってもみなかったけど、やればできる。私もできた！

ボディメイクを始めてから、自分の変化や成長を見られることが楽しくて、とにかく毎日が充実してイキイキしています。

aloha168cm_bodymake さん

理想は女性らしい曲線の
締まったカラダ

始めた当初は、恥ずかしいことに腹筋も腕立ても一回もできませんでした。それが毎日継続していくなかで、できなかったことができるようになったり、体がどんどん変わっていくのがとても楽しくて！　ボディメイクは、私にとって体を磨くことと同時に、なくてはならない、人生を豊かにする方法の一つになりました。

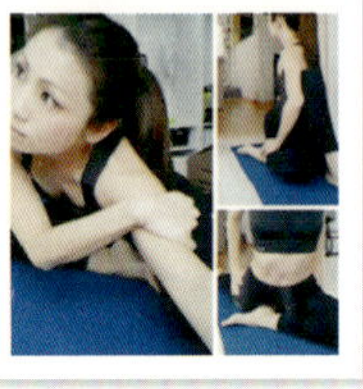

まさか夫と同じ体重になるなんて！ その女としての**危機感**が私を変えた！

mao.1224.0414 さん

筋トレと体はウソつかない！ 継続すれば必ず報われます

何をやってもリバウンドしていた私が続けられたのは、トレーニング後の体の変化を目に見えて感じることができたから。体は本当に正直。頑張れば頑張っただけ、明らかにラインが変わってくる。体重が落ちてくる。それがやる気とモチベーションにつながりました。インスタのダイエッターさんを参考にして宅トレを始め、2カ月でくびれ、1年ほどで腹筋ライン、そして体重はマイナス15kgを達成！　家族や周りの人たちから「キレイになったねー」と言われるのが嬉しくて、その言葉だけで今も続けられるんです。

_ Before

体重 60kg

体脂肪率 30%

_ After

体重 45.2kg

体脂肪率 16~18%

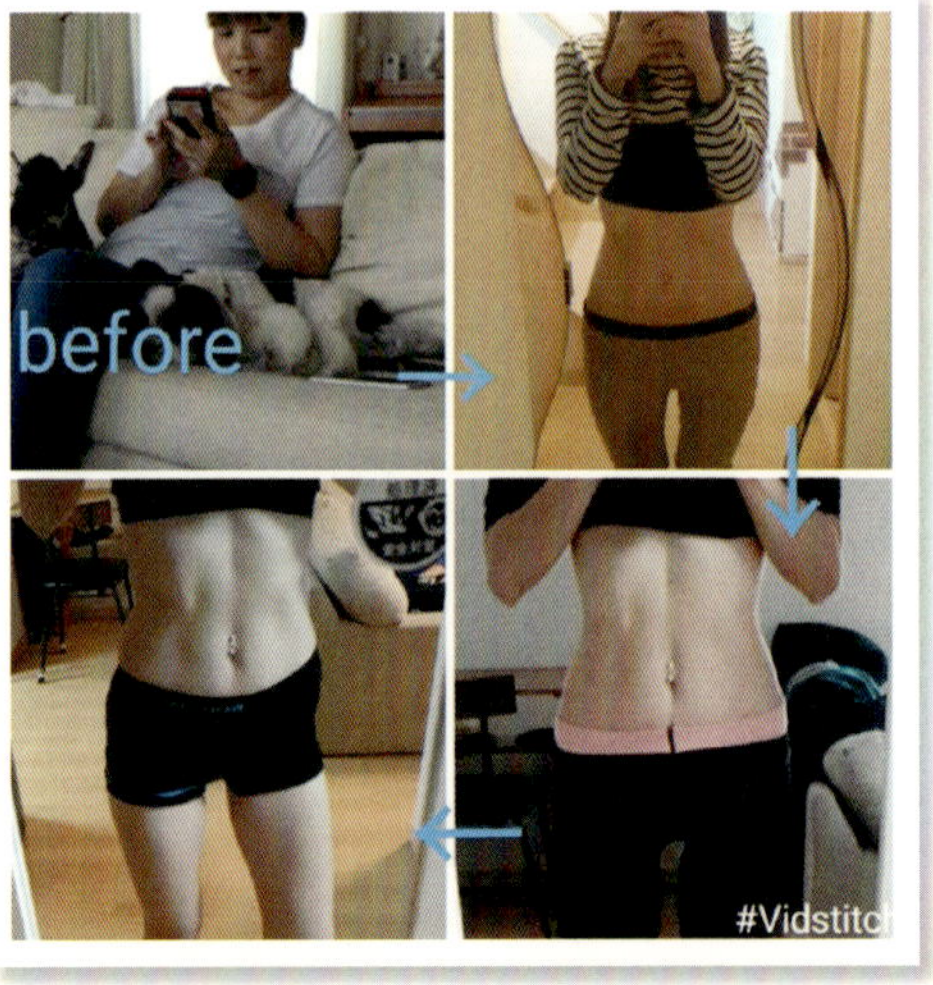

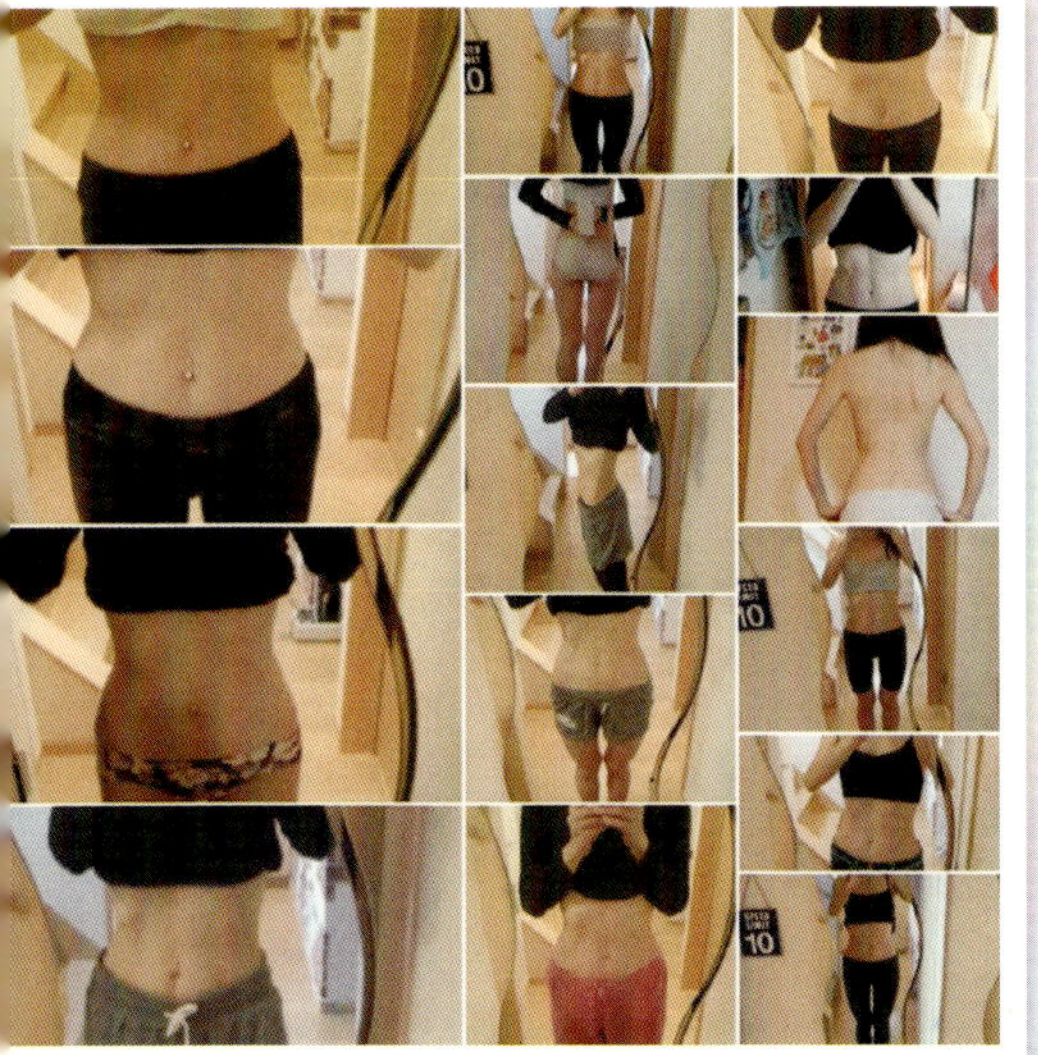

モチベーションキープのコツ

もう絶対リバウンドしないという決意のもと毎日撮り続けているお腹の写真。カメラのメモリーはお腹の写真でいっぱい。

腹筋にはプランクが一番！

サイドプランクはくびれ、プランクは体幹と腹筋全体に絶大な効果が！　どちらもお尻が下がらないよう、膝が曲がらないように気をつけることがコツ。はじめは30秒くらいから徐々に時間を延ばして、今はそれぞれ２分を目安に頑張っています。

筋トレで脂肪燃焼体質に

２年前、不意に撮られた左の写真。お腹の肉がデニムにのっている自分の姿に驚愕し、ダイエットを決意。筋トレ自体は脂肪を燃やす運動ではないけれど、毎日コツコツ筋トレを始めたことで、基礎代謝が上がって脂肪燃焼体質に変化。痩せやすい体になって右のような今の体型に。

・腹筋格言

昔の自分の姿を見返して
このときと同じ体にはもう
二度と戻りたくない！
そう言い聞かせて
モチベUP

トレーニングメニュー

毎日20分の筋トレを日課に

- ●腹筋ローラー　20回
- ●プランク　2分
- ●サイドプランク　各2分
- ●下腹部トレーニング　2種類
- ●脚パカ　50回
- ●内ももトレーニング（左右各30回）
- ●ヒップアップトレーニング　2種類
- ●ツンツン体操　30回

自分の人生を見つめ直したときに最初にしなきゃと思ったのがダイエットでした

smilelife111 さん

・腹筋格言

なめらかな美しいくびれラインはフラフープで整える！

楽しく生きられればそれでよし。筋トレも無理せず楽しく！

過食でぶくぶく太った自分を変えるべく、最初にしたことは、「体型写真を投稿」することでした。変化がわかりやすく、見てくれる方がいると思うとやっぱり励みになります。あとは決して無理はしないこと。体脂肪も体重もすぐには定着しない、だから増えても数日かけてリセットすればいい。それくらいのゆるさで、10年後も20年後も、楽しんで筋トレをしていきたいと思っています。

フラフープ&ヨガで腰まわりをすっきり

腹筋にはフラフープが効果的。キレイな曲線のくびれが作れます。私は毎日10分を日課に。ストレッチとしてはヨガを取り入れてリフレッシュ。

Before　After

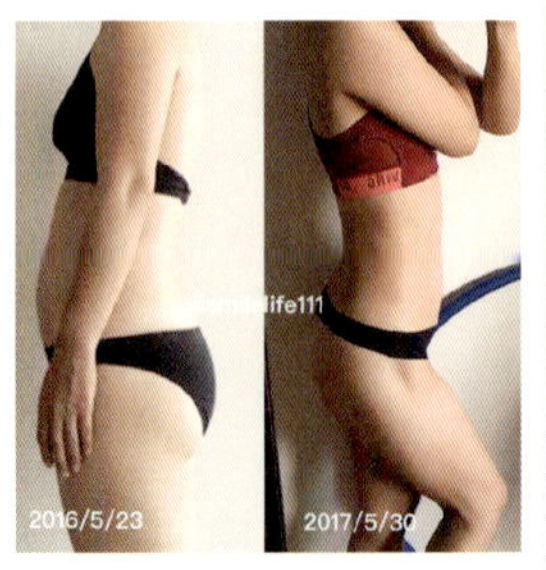

Before　After

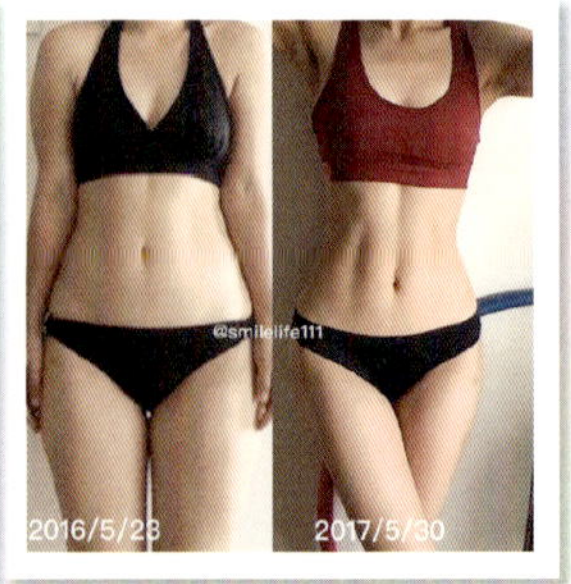

	Before	After
体重	59.4kg	47.4kg
体脂肪率	32%	20.1%

痩せて**一番変わったのは人生観。**
自分への信頼と自信を取り戻せました

i.am.manyeo さん

宅トレ始めて半年ほどたった頃ようやく変化があらわれた！

正直、運動はツライし、食べ物の誘惑や自分の弱さに打ち勝ち続けるのはもっとツライ。はじめはなかなか結果が出ずに落ち込んでばかりでした。それでも一日、もう一日と続けていたら、徐々に体が応えてくれるように。半年後、今までキツかったズボンがスッと入ることに気づいたときの嬉しかったこと！　こんな小さな達成感の積み重ねが、自分への自信へと繋がっていったんです。

・腹筋格言

意地を見せる相手は
自分自身。
誰かじゃなくて
自分に勝つことが
自信になる

食事も筋肉にいいものを

２年間の筋トレ生活で痛感したのは一日に腹筋を何百回したところで、食事面を怠ると憧れのお腹にはなれないということ。そこで食事も徹底管理。朝食は必ずプロテインと果物、ヨーグルト。揚げ物は極力食べず、夕食も主に鶏むね肉や豆類、サラダを中心にしています。

Before　After　Before　After

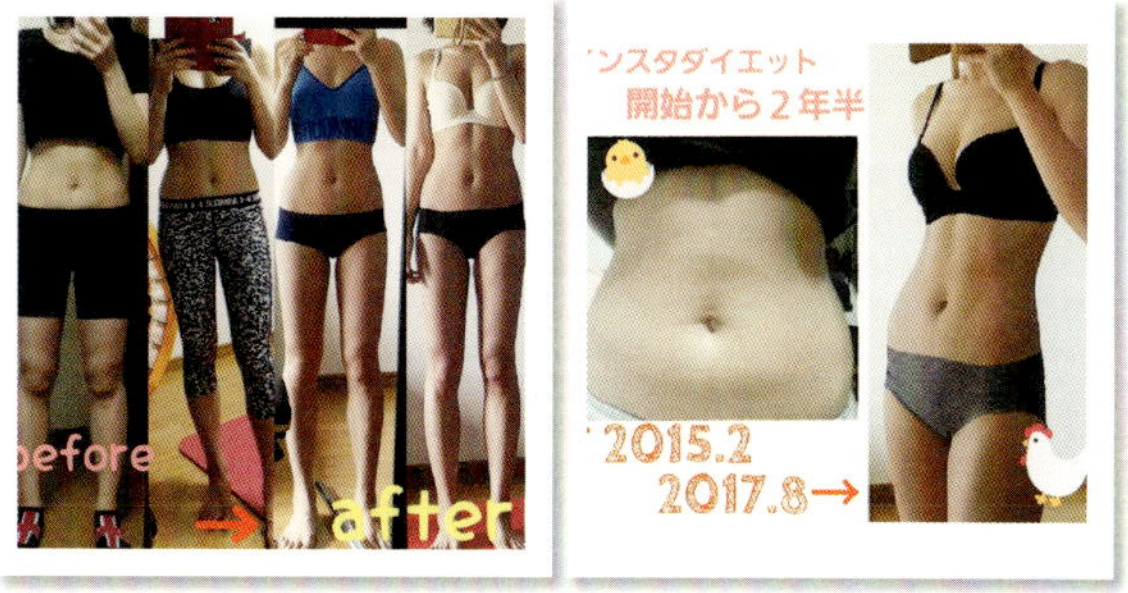

Before		After	
体重	54kg	体重	49kg
体脂肪率	26%	体脂肪率	18%

できるときにやれることを楽しくやる！
ノンストレスのボディメイクで理想のお腹を模索中

wasabi_bm さん

ただ痩せてるだけはNO。体重よりも見た目重視！

産後ダイエットとして始めたボディメイクですが、当初は減量しすぎて女らしさのないスカスカの体になってしまいました。痩せたのはいいけど、全然魅力的じゃない！　それからは体重ではなく筋肉量を意識して筋トレに励むように。とはいっても仕事や家事・育児があるので無理はせず、できるときに少しずつが基本。だからまったくのノンストレスなんです。

・腹筋格言

気にすべきは体重計の数字よりメジャーで測った数字！

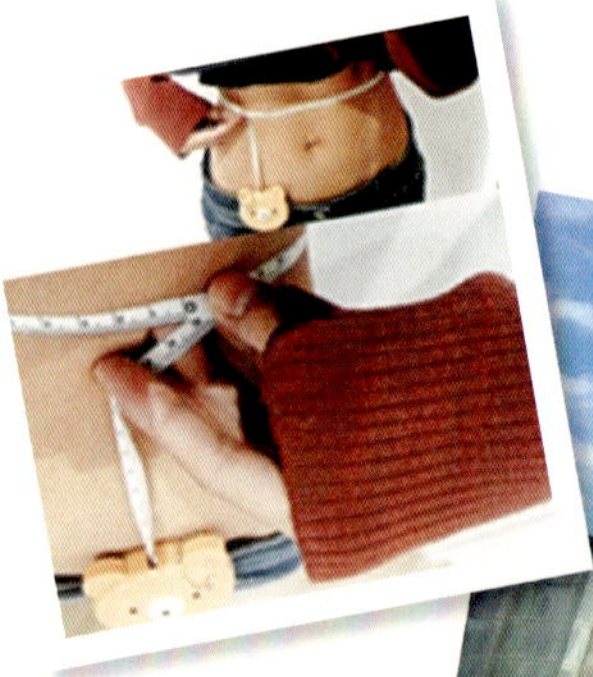

ながらトレで筋力UP

(右)トレーニングだけの時間はなかなか取れないので、子どもと公園へ行ったときや抱っこ紐での移動中は貴重なトレーニングタイム。(左)お気に入りのメジャーで計測すると、気分もアップ！

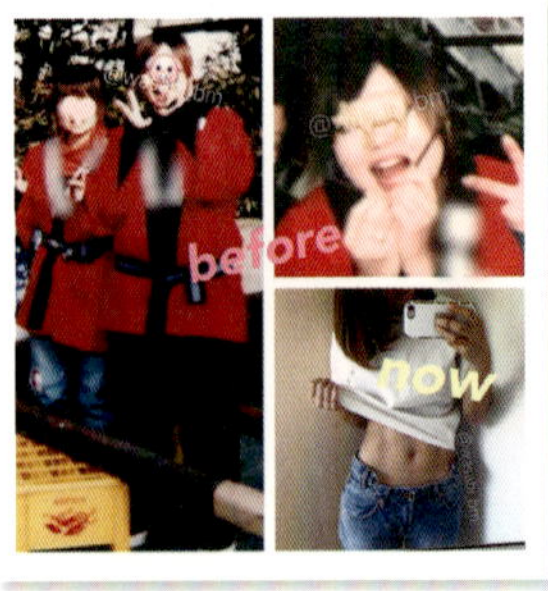

Before		After	
体重	47kg	体重	47kg
体脂肪率	20%	体脂肪率	12.5%
ウエスト	62cm	ウエスト	57cm

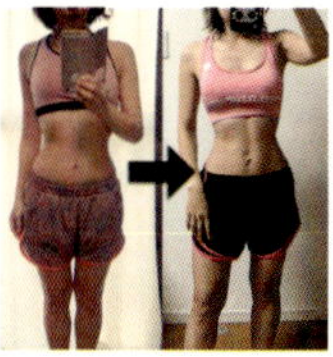

息子の入学式での**写真を見て愕然！**
ダイエット目的で筋トレを始めました

sei_diet さん

自分を信じ続けたからこそ今の体がある！

当初の目的はダイエットだったものの、徐々に筋トレでお腹まわりが変化してくるとどんどん楽しくなってきて、ボディメイクのトリコになりました。36年間、ずっとぽっちゃりだったから、すぐに結果が出なくてもそんなものだろう、と達観できたのがよかったのかもしれません。くじけずに続けたことで、着たい服を躊躇なく着られる今の体型はまるで夢のようです！

・腹筋格言

下っ腹はレッグレイズ、くびれはツンツン、全体はプランクで理想のお腹が完成

お腹はプランクで引き締め

お腹を凹ませるのに、一番効いたのはプランク、そして下っ腹にはレッグレイズ。なかなか取れないぽっこりにもダイレクトに効いてくれます。

体重は朝ランでリセット

減量するには、やっぱり有酸素運動。お酒を飲みすぎたりいっぱい食べたときは、ランニング＆ウォーキングで増量分を解消！

Before　　After

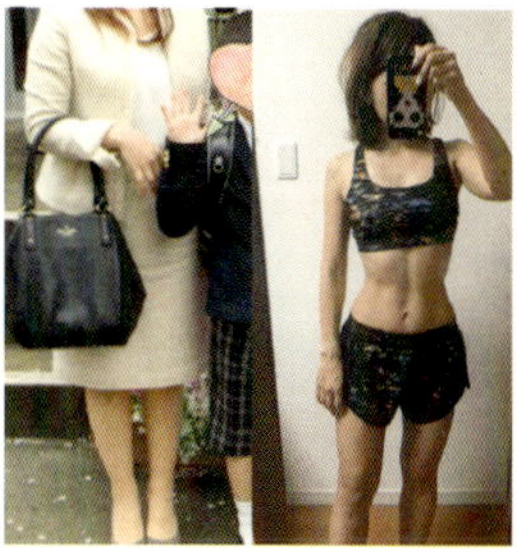

	Before	After
体重	47kg	41.6kg
体脂肪率	29%	20%
ウエスト	63cm	54.5cm

Part 2

女子のための腹割《はらわり》トレーニング＆食事とは？

#腹筋女子への道

“#腹筋女子”たちに刺激されたみなさん、次はあなたの番！
「下っ腹」や「くびれ」などの目的別に設定されたトレーニング、
腹割のための食事を実践して、理想の腹筋をGETしましょう！
変化を信じて鍛えれば、結果は必ずついてくる。
1ヵ月後、あなたはきっと#腹筋女子になっています!!

努力は裏切らない☆

wasabi_bm さん

makahou_ さん

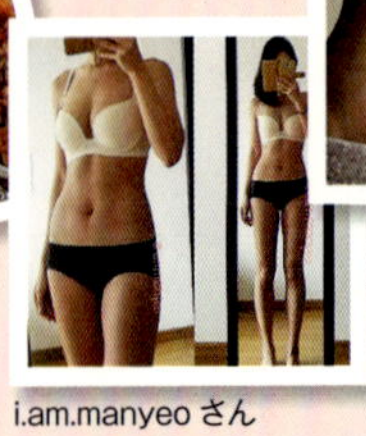

i.am.manyeo さん

aloha168cm_ bodymake さん

Let your dreams come true !!

#腹筋女子に聞きました!

Vol. 1

Q みんなの理想の腹筋って?

筋トレにはやっぱり具体的な目標が大切。インスタ#腹筋女子たちが、実際に目指している腹筋って?

A **ヴィクトリアズ・シークレットのモデルのような、細いのにくびれもあってアブクラックスがしっかり入っているお腹**

azuki322 さん

A くびれていて、女性らしくほどよく**タテ線が入っているお腹**が理想

blenda0305 さん

https://www.victoriassecret.com

A 角度のあるくびれと、**へそ下までのアブクラックス**!外国人に多いヴァイオリン形の腹筋になりたい

makahou_ さん

A **くびれと3本のタテ線があるお腹!**

i.am.manyeo さん

A **女性らしいほどよい肉づきと曲線は残したい。アブクラックスのあるジューシーな感じ!**

aloha168cm_bodymake さん

A きれいなタテ線としなやかなくびれ曲線のある女性らしいお腹。**6パックはNG**!

nao_mi_74 さん

A **理想は中村アンさん♡** くびれはもちろん、メリハリのあるしなやかボディ!

mao.1224.0414 さん

A どこから見ても、どんな場所でも**美しく割れた腹筋**

wasabi_bm さん

理想の腹筋を作る
最短メソッドを山崎麻央先生に
教えてもらいました！

加圧・ピラティスインストラクターとして、東京・代官山にあるサロン、ソラーチェで多くの女性を指導している山崎麻央さん。外資系IT企業で激務をこなした後、妊娠出産を経て現在の仕事に就いたという自身の経験から、「仕事に育児にと忙しい女性こそ体のケアが大事」と考えています。加圧トレーニングを始めた理由も「忙しい女性が効率的に体を鍛えられるメソッドだから」。

女性の体を知り尽くしたそんな麻央先生に今回、男性とは違う、女性がお腹を割るための最短メソッドを考えてもらいました。初級～上級まで3つのレベルに分けることで、誰もがぴったりの強度を見つけられるようになっています。

最短でお腹を割る方法とはいえ、体の中でも大きい筋肉である腹筋を鍛えることは、結果的に代謝量を上げ、体内年齢を若返らせることに！「腹筋を鍛えて得られるのは、割れたお腹、お腹を割ることができたという自信とともに、健康で美しい未来の自分でもあるんです」

小さい頃は
ぽっちゃりして
いました！

麻央先生ってこんな人！

自身も170㎝という長身、手脚も長いスタイル抜群の麻央先生。女性のいろいろな悩みに知的に応えてくれる頼りがいのある先生なので、モデルやタレントからの支持も高い！

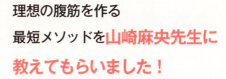

女子に６パックはいらない！

理想の腹筋とは？

目指すは「タテ線３本」！マッチョな横ラインはいらない

腹割メソッドを実践するとき、腹筋に意識を向ける意味でもモチベーションを維持する意味でも、なりたい腹筋をイメージすることはとても大事。では、女性が目指すべき「理想の腹筋」とは――？

それは、タテにラインがスススッと3本入った腹筋！　バッキバキに割れた6パックのお腹ももちろんカッコいいけれど、リアルに目指す腹筋としてはハードルが高いし、もう少し女らしさがほしい。その、引き締まっていながら女らしさも残る〝ちょうどいい腹筋〟こそ、タテ線3本のある腹筋です。さあ、この美しい腹筋を目指して、トレーニングを始めましょう！

#腹筋女子 Column

カニみたいに割れるのはイヤ

「バキバキに割れたいわけじゃない」「６パックってすごいと思うけど、女らしくはないと思う」――#腹筋女子の理想は、ヨコではなく、〝タテ〟だけにラインの入ったお腹。

誰でもトレーニングすれば この腹筋が叶う！

Point 2

スッキリした肋骨

お腹だけじゃなくその上の肋骨も美腹筋の一要素。ガリガリでも脂肪に埋もれてもいない、スッキリした肋骨が理想。

Point 1

タテに３本のライン

一番のポイントは、タテに入った３本の線。ムダな脂肪がなくなり、筋肉にほどよく厚みが出ることでラインが出現。

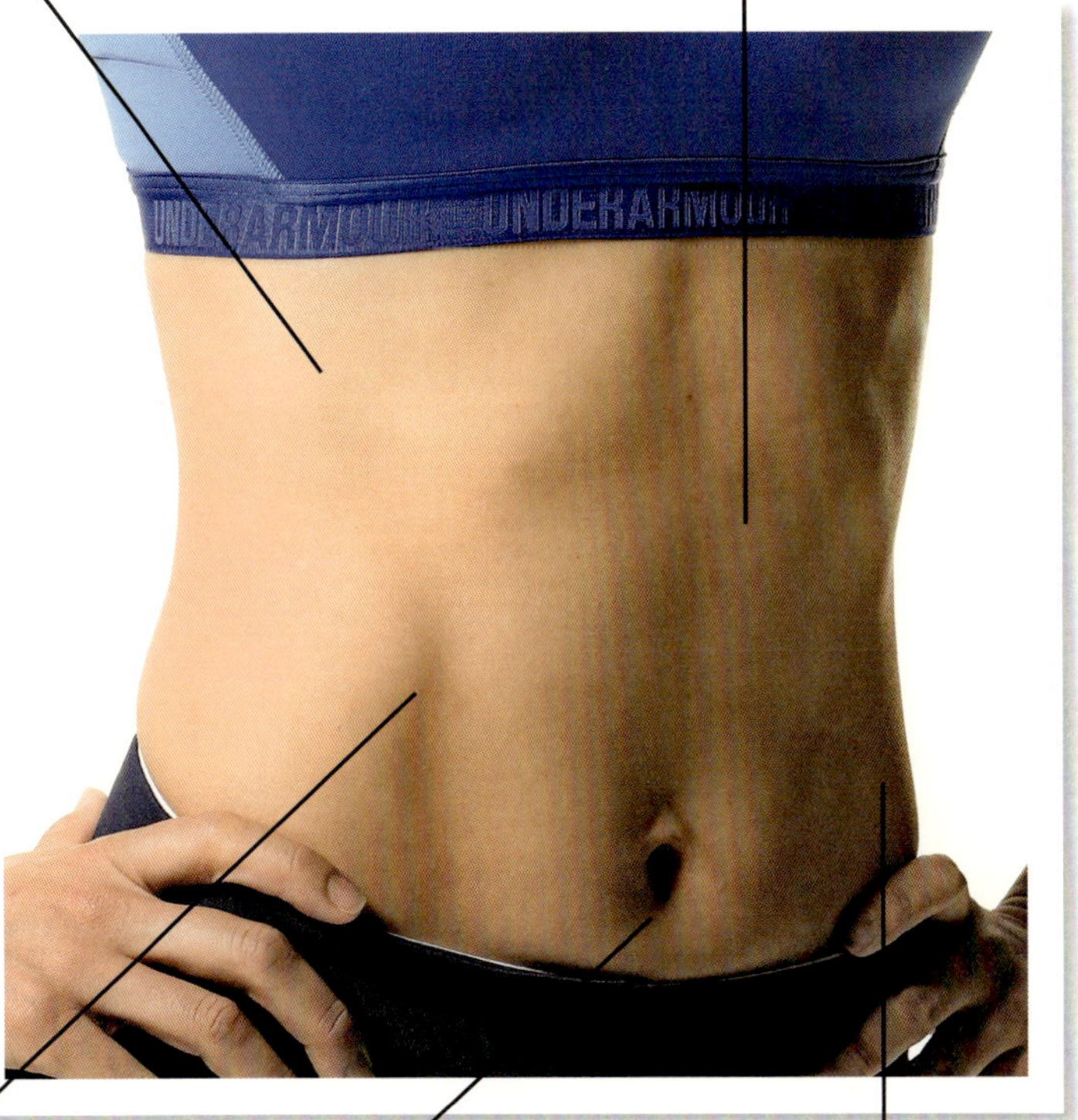

Point 5

ぺたんこな下腹

たとえ他のパーツが痩せていても、気を抜くとポッコリしてしまう下っ腹。ぺたんこに締まっていれば、印象も若々しく！

Point 4

おへそもタテ線

お腹が脂肪で膨張することで、不格好に見えてしまうおへそ。お腹が締まれば、おへそまでスマートなタテラインに。

Point 3

グッと入ったくびれ

女性らしさの要素として欠かせないくびれ。ボン、キュッ、ボンのキュッがちゃんと締まることで、カービィなラインが実現。

効率よくお腹を割るために

腹筋がつくしくみを知ろう

腹筋とは４つの筋肉の総称。
セットで動く筋肉も重要！

腹筋といっても、お腹にひとつの大きな筋肉がドーンとあるわけではありません。実際は、腹直筋《ふくちょくきん》、外腹斜筋《がいふくしゃきん》、内腹斜筋《ないふくしゃきん》、腹横筋《ふくおうきん》の4つの筋肉と、それらとセットで動く3つの筋肉で構成されています。つまり、単一運動を繰り返すだけでは意味がなく、**それぞれの筋肉を意識してバランスよく鍛えていくことが、理想の腹筋への近道**というワケです。

では、どうすれば腹筋がつくのかというと、大事なのは**「整える・ほぐす・鍛える」の3ステップ**。まずは、お腹に力が入りやすくなり、代謝量もアップする深い呼吸を身につける。次に、腹筋をスムーズに動かすために、一緒に動く背筋をほぐす。最後は、腹筋そのものをギューッと縮めてしっかり伸ばすことで鍛え上げる。この3ステップを実践することで、お腹は効率よく鍛えられ、どんどん引き締まっていきます！

腹筋MAP

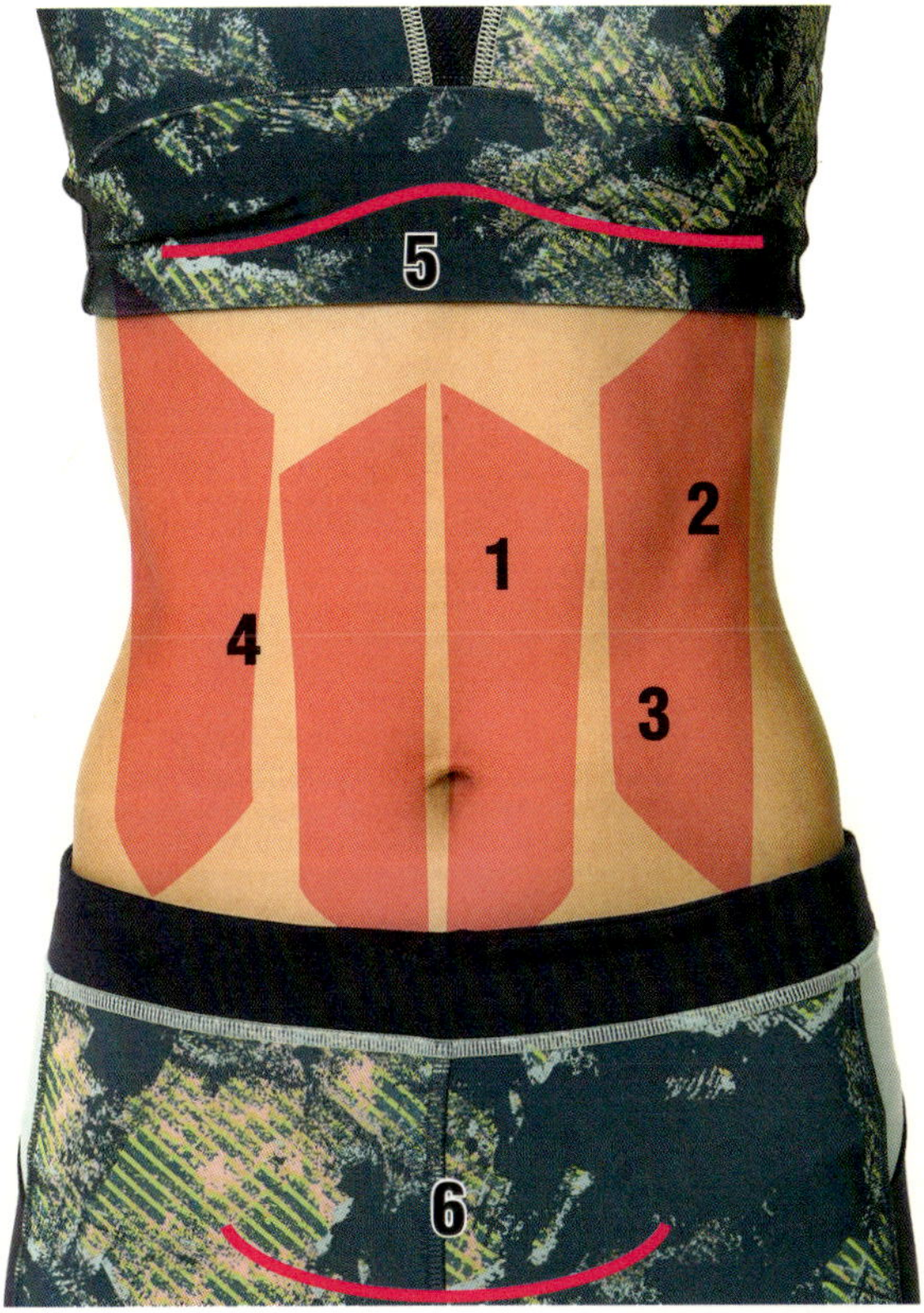

前から見ると…

アウターマッスル

1 腹直筋《ふくちょくきん》

2 外腹斜筋《がいふくしゃきん》

インナーマッスル

3 内腹斜筋《ないふくしゃきん》

4 腹横筋《ふくおうきん》

セットで動く

5 横隔膜《おうかくまく》

6 骨盤底筋《こつばんていきん》

腹直筋はお腹のタテ線に、外腹斜筋と内腹斜筋はくびれに、腹横筋は下腹に関わる腹筋。この４つの筋肉に連動して横隔膜や骨盤底筋、多裂筋《たれつきん》も動くので、これらの筋肉の存在を意識して全体をバランスよく鍛えるのが大事。

後ろから見ると…

セットで動く

7 多裂筋《たれつきん》

腹筋と連動する

8 広背筋《こうはいきん》

インナーユニットのひとつ、多裂筋は背中側にあるインナーマッスル。広背筋は背中の表面を覆っている筋肉で、鍛えることでキレイなくびれを作る効果も。トレーニング前にほぐすことも大事。

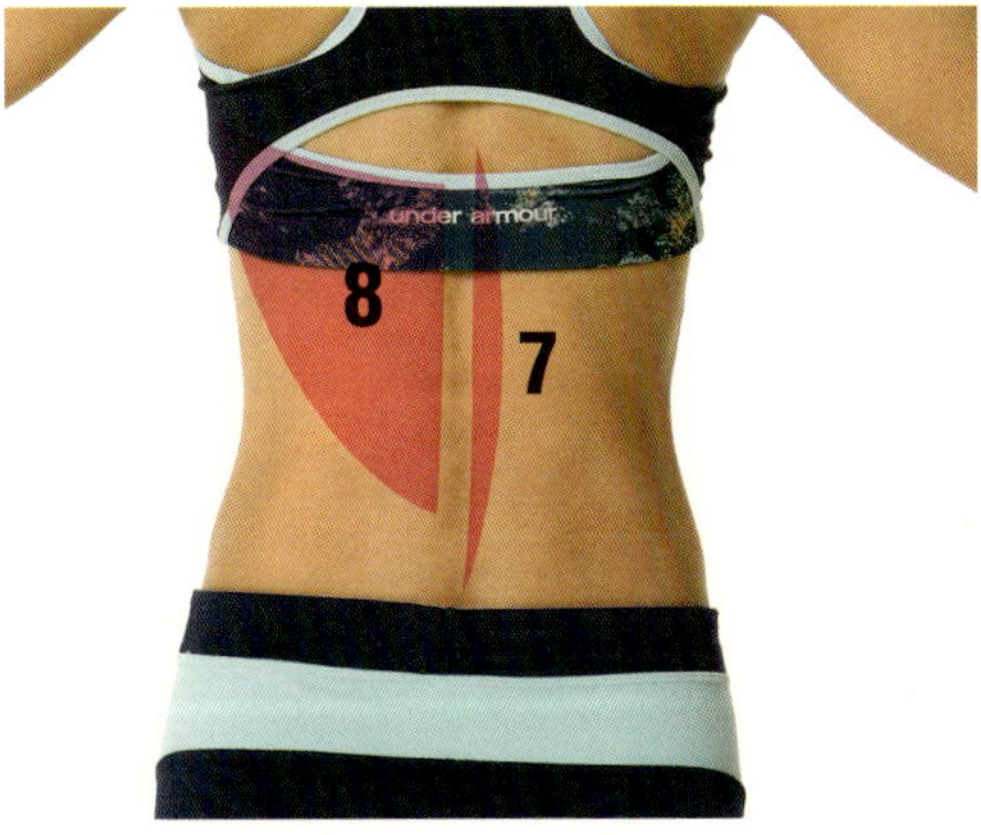

#腹筋女子に聞きました！

Vol.2

Q 腹筋に効果的だと思うトレーニングって？

日々鍛えている#腹筋女子たちから聞いた、特にお腹に効くトレーニングを紹介！　これらをバランスよく組み合わせて。

レッグレイズ

特に下腹部の腹筋を割るのに効果的なトレーニング。仰向けになり、両脚を伸ばして床と垂直になるようにゆっくり上げていき、しばらくキープ。その後、かかとが床につかない程度までゆっくり下ろしていく。これを何度も繰り返して。

ツライ位置でキープすると効果てきめん！

makahou_ さん

プランク

簡単に体幹が鍛えられ、腹筋を割るには必須のメニュー。うつぶせから両腕を曲げて肘をつき、つま先を立てて、肘とつま先で体をアップ。体が床と水平になるように意識して、そのまま限界までキープ！　最初は30秒を目標に。

腹筋と同時に二の腕にも効きます！

wasabi_bm さん

腹筋ローラー

使い方は車輪を前後に転がすだけと、とても簡単。なのにお腹全体を鍛えられ、かつ二の腕や上半身全体にも効果アリ！　とはいえ初心者には1往復すら難しく感じるかも。最初は膝をついた状態からトライするのがベター。

腹筋には途中止めが特にオススメ

wasabi_bm さん

フラフープ

くびれ作りに絶大な効果を発揮!　下腹部を意識しながら腰を前後にゆらして。ある程度重さのあるものを選ぶのが、長く回すポイント!

なめらかな
女性らしい
くびれが作れます

smilelife111 さん

1日60回半年続けて
ウエスト−10cm!

sei_diet さん

ツンツン体操

頭の上で手を合わせ、つま先立ちして上半身を左右に各10回曲げる。そして片足を前に出して腕を前で組み、足を出したほうにゆっくり上半身をひねる。朝1分やるだけでもウエストシェイプに効果がある簡単トレーニング!

脚パカ

仰向けに寝転んだ状態で脚を開いて閉じてをくり返す脚パカトレーニング。太ももはもちろん、お腹まわりやお尻の筋肉まで鍛えてくれる。

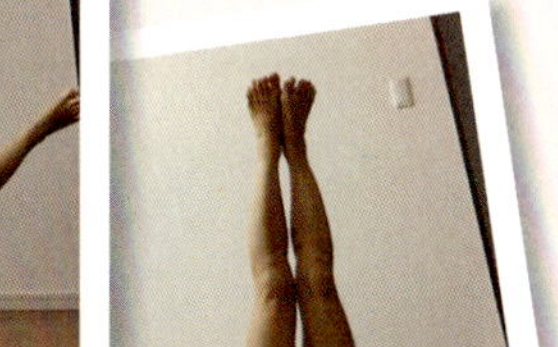

1年間の脚パカで
お腹が凹み、
太ももに隙間が!

sei_diet さん

最初はキツいプランクも
バランスボールを
使うとラク♪

バランスボール

椅子代わりに使ったり、脚をのせて体をひねったりするだけでも腹筋を鍛えられるバランスボール。基礎代謝もアップし、痩せやすい体に。

blenda0305 さん

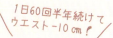

男性向けの方法は効率が悪い

女子には女子の鍛え方がある！

男性とは体質、ホルモン、もともとの筋肉量が違います

腹割メソッドとして世に出ている本や雑誌には男性向けのものが多いですが、そのメソッドを女性がそのまま取り入れても、思うような結果が得られないことも。それは、**根本的に男女の体質が違う**せい。男性はもともと皮下脂肪が少なく筋肉量が多いのに対し、女性は逆で、皮下脂肪が多く筋肉量は少なめ。また女性は閉経すると内臓脂肪がつきやすくなるなど、ホルモンとも深い関係が。そのため、男性にとっては効果が現れやすいメソッドが、女性にはなかなか効果が出なかったりするのです。**女子には女子のためのメソッドが必要**なのです。

#腹筋女子 Column

プロテイン摂取率は半数以上！

筋肉をつけるのにタンパク質はマスト。なので、プロテインを朝食やおやつがわりに飲む人が多数。「女性が必要なのはビタミンCよりプロテインだと思う」という声も。

azuki322 さん

＼ これだけは知っておきたい ／

＃腹筋女子の鍛え方ポイント

- ☑ タテラインには4つの筋肉が関係している
- ☑ 腹筋が動くときは他の筋肉も連動する
- ☑ 腹筋は「縮める→伸ばす」の繰り返しでつく
- ☑ トレーニングは「整える（呼吸）→ほぐす→鍛える」の3ステップで完成する
- ☑ 筋肉のつき方には男女差がある。女子に合う方法で効率よく腹筋を鍛えよう

smilelife111 さん

筋肉量は？
体脂肪率は？

自分の筋肉レベルは？

レベル別メソッドで腹筋を鍛えよう

何年も運動から遠ざかっている人がいきなりハードなトレーニングをしても、正しく動けないし挫折もしやすい。反対に、日頃から運動をしている人がラクなトレーニングをしても、負荷が足りずあまり鍛えられない……。腹筋を確実に鍛えるためには、**自分に合った強度のトレーニングをする必要がある**のです。そこで、トレーニングを始める前に、自分の筋肉レベルをチェック！　体脂肪率や運動経験はどの程度かでだいたいの筋肉レベルがわかるので、それに合わせてトレーニング内容を組み立てて。筋肉量が計れる体重計を使うのもオススメです。

#腹筋女子 Column

プロテインは女性向けのものを

種類豊富なプロテイン。マッチョを目指す〝ウエイトアップ〟系は絶対NG！　大豆由来やスーパーフード入り、体重増加を目指さないものをチョイスするのがお約束。

「腹割」戦略を立てよう

ラクなのはもちろん、ハードすぎてもダメ。ちょっときついくらいが目安。
自分にとっての近道を知ることでモチベーションもアップ！

運動歴は？

運動経験や日常的に運動を続けているか
（今も筋肉量は残っているか）

体脂肪率は？

20~23%かどうか

1ヵ月でお腹にタテ線を入れようと思ったとき、まず注目すべきは体脂肪率。体脂肪率が高くお腹に厚い脂肪があるとラインが出にくいから、筋トレと並行して有酸素運動で脂肪を落とす必要アリ。また運動経験があって筋肉がそこそこついている人は、初級トレーニングではラクすぎることが。その場合は初級をとばして中級から始めるのが効果的。筋肉レベルを見極める。それが美腹筋への第一歩です！

体脂肪率20～23%

- **運動歴あり** ▼ 中級からスタート
- **運動歴なし** 筋肉量少ない ▼ 初級からスタート

体脂肪率24%以上

- **運動歴あり** ▼ 中級からスタート ＋ P58~61実践
- **運動歴なし** 筋肉量少ない ▼ 初級からスタート ＋ P58~61実践

※こちらは目安としてお考えください。実際にトレーニングをしてみて、初級がラクなら中級を、中級が難しければ初級をと、自分に合った強度を選んでください。体脂肪率にかかわらず、運動歴がなく筋肉量も少ない人は初級からスタートを。

#腹筋女子への道 1「整える」

深い呼吸を覚えよう！

肋骨を締める呼吸で効果アップ！

さあ、いよいよ実践編。まずは理想の腹筋へのファーストステップ、呼吸から！　**腹割トレーニングにおいての呼吸と通常の呼吸との最大の違いは、「肋骨を開いて締める」という点**。5秒かけて鼻からたっぷり息を吸い、肋骨を中から押し広げて、吐くときは10秒かけて口からフーッと吐き、肋骨をできる限り締めて息を絞り出す。このとき、肛門と膣を締めて引き上げるようなイメージで、骨盤底筋を意識して。この深い呼吸が正しくできているとインナーユニットに力が入りやすくなり、息を吐ききると同時に腹筋が縮まって効率的に鍛えられるように。さらには、アンダーバストが細くなり、バストアップして見えるという嬉しいおまけも！　最初はコツがつかみにくいので、慣れるまでは肋骨に手を添えて呼吸してみて。感覚がしっかりつかめるようになったら、「ほぐす」→「鍛える」とステップを進めていきましょう。

基本の呼吸

呼吸はトレーニングと切っても切れない関係。この呼吸の感覚を体にしっかり
覚えさせて、トレーニングの効果を最大限に引き出そう！

吐く

1・2・3・4・5・
6・7・8・9・10
（口から）

POINT
肋骨を締めながら
息を絞り出す。

吸う

1・2・3・4・5
（鼻から）

POINT
鼻から息を吸って
肋骨を押し広げる。

トレーニング中の呼吸

トレーニング中は、腹筋を縮めるときに吐き、伸ばすときに吸うのが基本。
ゆっくり動くときは5秒→10秒、速く動くときは動きに合わせて呼吸して。

1・2・3・4・5・
6・7・8・9・10

吐く

起こす（縮める）とき

1・2・3・4・5

吸う

戻す（伸ばす）とき

POINT　腹筋はビリビリするくらいまで縮める。

POINT　腹筋を伸ばすときに吸ってお腹をゆるめる。

＃腹筋女子への道 2

「ほぐす」

背中ほぐしで腹筋の柔軟性を高める！

背中の硬さは腹筋の動きに悪影響

腹筋がうまく縮められないとき、その原因は腹筋そのものではなく、背筋にあるかもしれません。P26～27でも触れましたが、背筋は腹筋と一緒に動く、腹割トレーニングをするうえで無視しちゃいけない大事な筋肉。背筋の伸びが悪いと腹筋がきちんと縮まないし、背筋がうまく縮まないと腹筋がしっかり伸びません。逆に言えば、**背筋がちゃんと伸び縮みすることで、腹筋も理想的な動きができるようになる**ということ。第2のステップとして背中の「ほぐし」をトレーニングに組み込めば、効果がさらにアップして、理想の腹筋により早く近づけます。

Warming up

筋トレ前に行って腹筋の動きを高める!

背中ほぐしは、必ず腹割トレーニングの前に行って。背中が柔らかくなれば腹筋の動きがよりスムーズになり、運動効果がぐーんとアップ!

1

椅子に姿勢よく座り、手の平が自分に向くよう両手を胸の前で組んだら、5秒息を吸う。

2

10秒かけて息を吐きながら、腕を前に伸ばしていき、同時に背中を丸めて背筋を伸ばす。

3

上半身はリラックス

息を吐ききったところで、この体勢のまま手の平を外側へくるっと返し、5秒息を吸う。

1セット×5回

4

10秒かけて息を吐きながら手を上へ伸ばし、同時に丸めていた背中も限界まで上へグーッと伸ばす。

5

体の中心はぶれないように!

5秒息を吸い、10秒息を吐きながら上体を右へ。息を吸いながら戻し、10秒で吐きながら今度は左へ。

#腹筋女子への道 3

「鍛える」

いざ実践！ 腹割トレーニング

毎日行うことで、
少しずつ体は変わっていきます！

Training schedule

【トレーニングスケジュール】

朝

3ステップすべて行うのがベストです。時間がなくてできないときも、「整える」or「ほぐす」は必ず行うようにしましょう。

Step 1 「整える」
基本の呼吸を10セット行う(P35)
↓
Step 2 「ほぐす」
背中の硬さを伸ばしてほぐす(P37)
↓
Step 3 「鍛える」
腹割トレーニング４種を行う(P40~)

昼または夜

朝に「鍛える」までできなかった場合、昼または夜に「ほぐす」→「鍛える」を行いましょう。

Step 2 「ほぐす」
↓
Step 3 「鍛える」

＼ 鍛える前に読もう ／

腹割トレーニングの前に

- 一度に3ステップすべてができないときは、できるところまで行いましょう。分けて行っても効果は得られます
- 動きやすい服装で行いましょう
- ヨガマットなどを床に敷いて、体へのあたりをやわらげましょう
- 体へのあたりが固かったらタオルを敷きましょう
- トレーニングの強度や回数は「ちょっとツライ」くらいを目安にして、無理のない範囲で調整しましょう
- トレーニング中は呼吸を止めず、深い呼吸を心がけて
- 腹筋以外の筋肉、特に肩や首に力が入らないように
- 効かせたい筋肉を意識してトレーニングしましょう
- 体調がよくないときはお休みしましょう
- トレーニング後30分以内にプロテインを飲むと効果UP

腹割トレーニング――No.1

ぽっこりお腹にサヨナラ！ 「下っ腹」を凹ませる

ぽっこり目立つ下っ腹。ココだけどうにかなれば……という人も少なくないはず。腹横筋をターゲットにした筋トレで、気になる下っ腹をすっきりフラットに凹ませよう！

【自転車こぎ】

下っ腹
初級

お腹に意識を集中！
90度

1 仰向けに寝たら、両脚を真上に上げて膝を90度に曲げる。お腹に力を入れて、５秒息を吸う。

骨盤が動かないように注意！

2 10秒かけて息を吐きながら、自転車をこぐように脚を回す。息を吐ききったら一旦ストップ。

足のつけ根から回すこと

3 すぐに５秒息を吸い、もう一度10秒かけて息を吐きながら、今度は逆方向に脚を回転させる。

前回し→後ろ回しを1セットとして3回

腰や肩が浮かないように

NG 腰が反って背中が浮いていると、腹筋に力が入らず運動効果ダウン。腰を痛める原因にも！

【両脚上げ下げ】

下っ腹
中級

お腹を薄くしていく

1 仰向けに寝て両脚を揃えて真上に上げ、５秒息を吸う。お腹を骨盤にしまい込むように。

首を長く保つイメージで

2 10秒かけて息を吐きながら、両脚を揃えたまま床ギリギリの高さまでゆっくり下ろしていく。

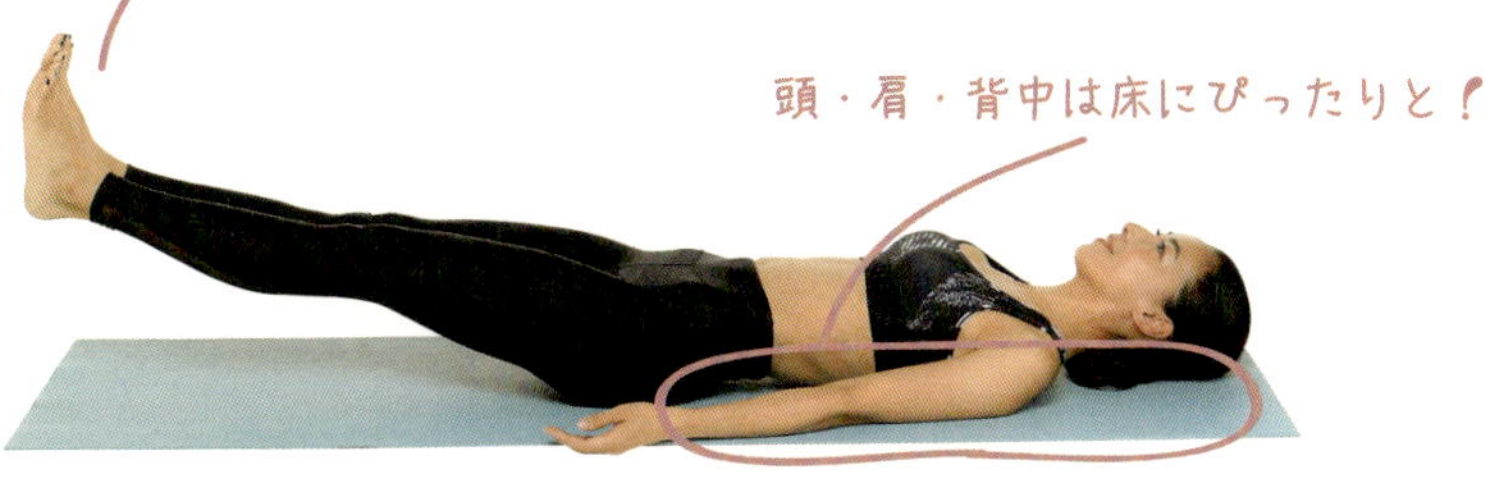
頭・肩・背中は床にぴったりと！

3 息を５秒かけて吸い、両脚を1のポジションに戻す。戻す反動で背中や肩が浮かないように注意！

下ろす→上げるを
1セットとして20回

Q「腹筋をすると腰が痛くなります」

A 腰が反っているのでは？　まずは正しい姿勢でトレーニングできているかをチェック。痛いところにバスタオルを敷いてもＯＫ。背中が硬いのも原因なので、「ほぐし」も入念に。

【脚回し＋上げ下げ】

下っ腹
上級

腹筋で脚を支える
意識で

1 仰向けに寝たら両脚を揃えて上げ、５秒息を吸う。お腹に力を入れて、首や肩はリラックス。

息を吐きながら
ゆっくりと

2 10秒間息を吐きながら、大きく円を描くように両脚を下ろしていき、床ギリギリで脚を閉じる。

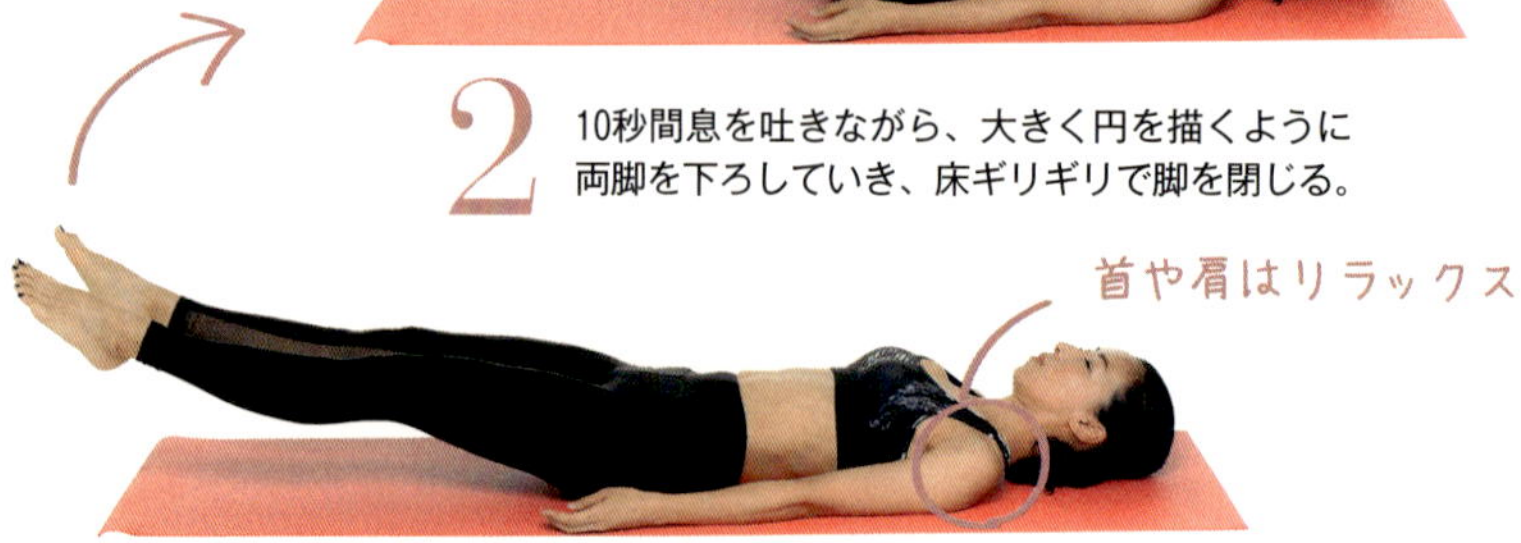
首や肩はリラックス

3 息を吸って１に戻る。これを20回行ったら、円を描きながら脚を上げる逆パターンも20回。

1～3を1セットとして
20回（逆も同様に）

【脚をクロス】

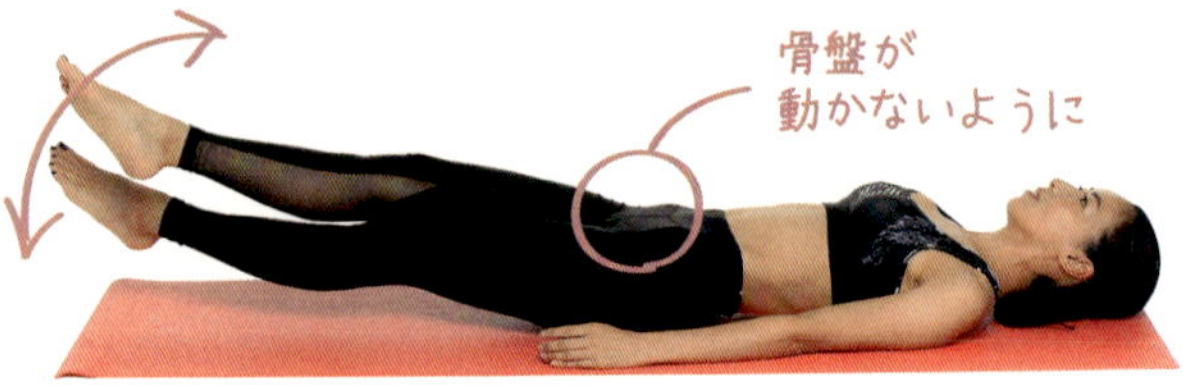
骨盤が
動かないように

下っ腹
チャレンジ

床ギリギリの高さに両脚を上げ、息を吸って開く→吐いてクロス、を１カウントずつ、いち・に・いち・に……とリズミカルに繰り返す。

開く→クロスを
1セットとして10回

腹割トレーニング No.2

タテにスッと線を入れる！

「ライン出し」

#腹筋女子が理想とする、タテにスッと入った線。そのタテラインが手に入るのがこのトレーニング。腹直筋を鍛えて厚みを出せば、タテ線がくっきりと際立ってくる！

【ドローイン】

ライン出し
初級

腹筋がビリビリ
しびれるくらいまで！

1 腰に少しだけ隙間ができるよう仰向けに寝て、膝を立てる。そのまま５秒息を吸ったら、お腹にしっかり力を入れながら、腰の隙間をつぶすように10秒かけて息を吐ききる。

吸う→吐くを1セットとして20回

腰が浮いてしまったら効果減！

NG 深い呼吸でインナーマッスルを鍛えるのが目的なので、腰が浮き、お腹に力が入らないのは×。

肩と首は力まないように

NG 吐くときに、首や肩に力が入りやすいので要注意。首と肩は力を抜き、お腹にだけ力を入れて！

【脚上げ腹筋】

ライン出し
中級

首の力で起こすのはNG

1 仰向けに寝たら脚を上げて膝を90度に曲げ、手を膝に添える。首や肩が床から浮かないように。

腹筋をしっかり縮める

2 息を吐きながら、腹筋を使って上体を起こす。首から起きず、腹筋を縮めて起きるのを意識！息を吸いながら1へ戻る。

起こす→戻すを1セットとして20回

Q「トレーニングはやればやるほどいい？」

A 正しい体勢・正しい動きなら、やるほど効果が見込めます。ただし、どこかに痛みを感じたら無理は禁物。トレーニングをお休みする、痛みなくできるものだけやるなど、調整を！

【お尻上げ下げ】

ライン出し
上級

1 仰向けに寝て両脚を真上に上げ、脚をクロス。腕は力を抜いて体に沿わせ、手の平を上に。

2 息をフッと短く吐くと同時にお腹にしっかり力を入れて、腹筋を使ってお尻を上げて戻す。

上げる→下ろすを
1セットとして20回

NG お尻を上げるとき、手の力を使ってしまうのは×。また首や肩には力を入れず終始リラックス。

腹割トレーニング No.3

カービーボディを手に入れる

「くびれ作り」

くびれメイクのカギは腹斜筋にあり。表層と深層にある2つの腹斜筋が、ひねったり曲げたりすることで同時に動いて鍛えられ、キュッと締まったくびれが実現。

【横向き腹筋】

くびれ
初級

首と肩の力で上げない

1 横向きにまっすぐに寝て膝を90度に曲げ、床側の腕は前に伸ばし、上の腕は曲げて手を頭の後ろに。

ウエストを縮めて引き上げる

2 息を短く吐きながら上体を起こす。先に腹筋を縮めて、最後に頭がついてくるイメージで。

起こす→戻すを1セットとして20回
（逆側も同様に）

頭は前に倒れないように
膝は床につけたままで

NG 上体を起こすとき、頭が前に倒れたり膝が浮いてしまうと、腹斜筋に効かず苦労がムダに……。

【サイドプランク】

くびれ
中級

下腹を締めて
体を安定させる

1　横向きに寝て、肩の真下に肘をおき上体だけ起こす。体がブレる場合は両足を床についてOK。

お腹に力を入れてキープ！

2　ウエストに力を入れて腰を持ち上げ、体をまっすぐに。息を吐きながら10秒間キープ。

上げる→下ろすを1セットとして10回
（逆側も同様に）

Q「首や肩が痛くなったらどうすれば？」

A　起き上がるときは首や肩に力が入ってしまいがちなので、腹筋を縮めることを意識。痛みが出たら起き上がる動きはやめて、寝たままできるトレーニングの回数を増やして。

【サイドプランク＋ひねり】

くびれ
上級

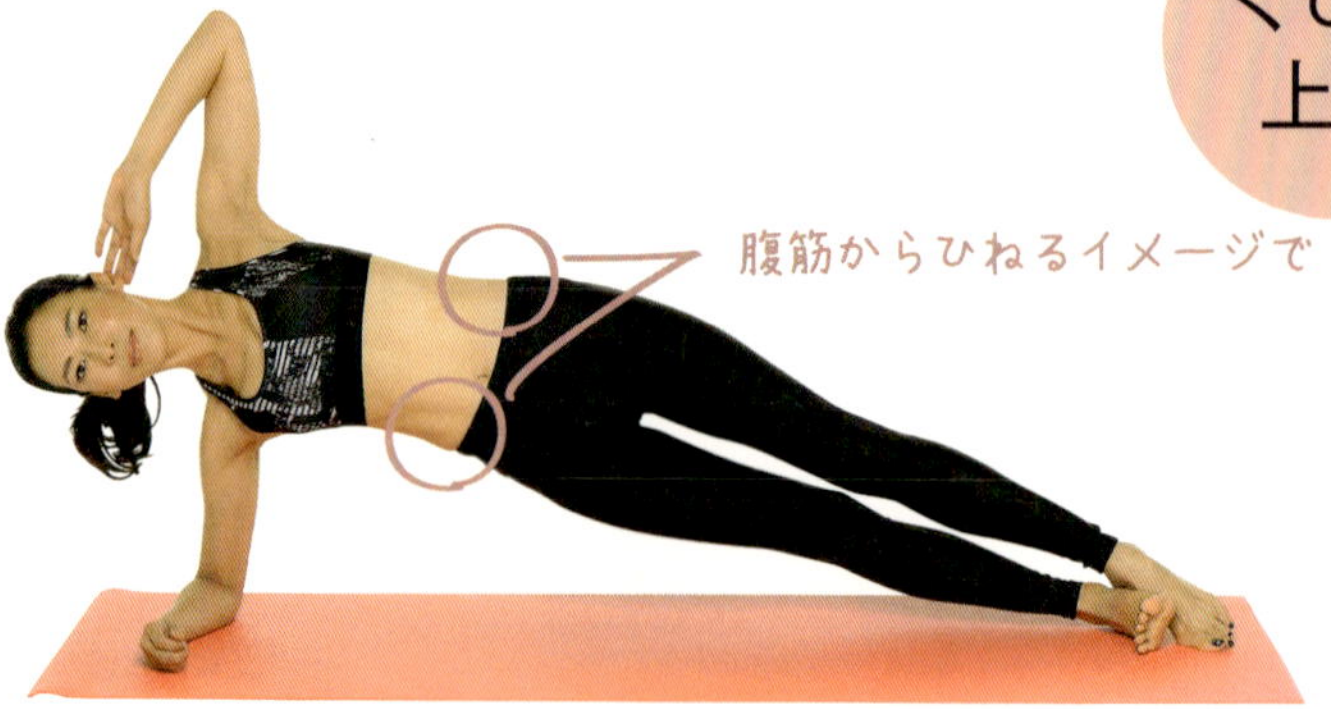
腹筋からひねるイメージで

1　サイドプランクでスタート。肘を肩の真下におき、全身をまっすぐにして、上にある手は頭に。

腰が下がらないように

2　息を吐きながら上体を前へひねり、息を吸いながら元に戻す。腰は動かさず腹筋からひねって。

ひねる→戻すを1セットとして20回
（逆側も同様に）

【サイドプランク＋脚上げ】

くびれ
チャレンジ

腰が下がらないように

サイドプランクのポーズをとり、短く息を吐きながら、上の脚をできる限り高く上げて５秒キープ。腰が下がらないように！

上げて５秒キープを２回
（逆側も同様に）

腹割トレーニング――No.4

複数の腹筋を効率的に刺激

「お腹全体」

腹筋それぞれに効くトレーニングと並行して、腹筋全体に効くトレーニングも実践。効率よく腹筋を鍛えられるうえにバランスよく腹筋をつけることもでき、一石二鳥。

【膝つきプランク】

お腹全体
初級

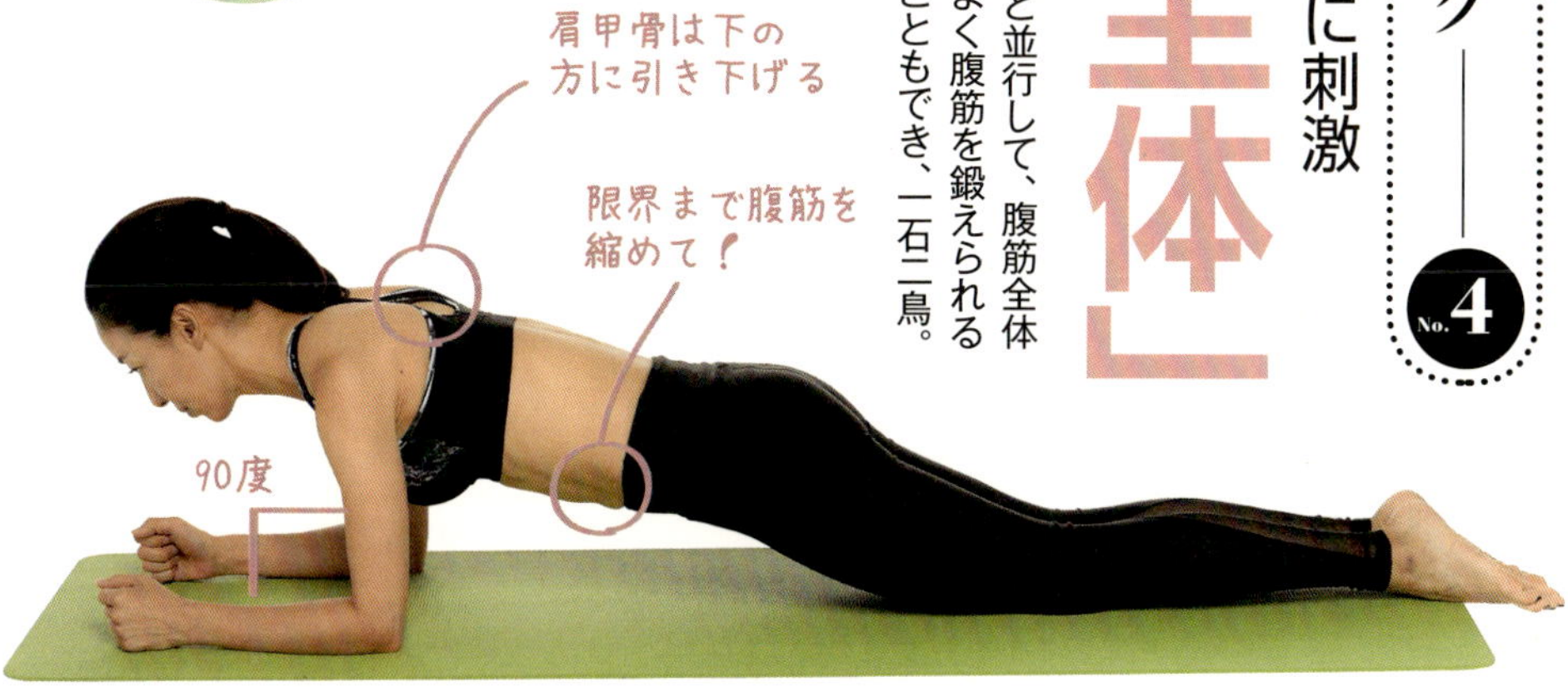
肩甲骨は下の方に引き下げる
限界まで腹筋を縮めて！
90度

1 脚を肩幅に開いて膝をつき、肩の真下に肘をついて、頭から膝上までがまっすぐになるよう体を持ち上げる。５秒息を吸い、10秒かけてお腹の奥から息を吐きながら腹筋を限界まで縮める。

吸う→吐くを1セットとして4回

腕だけで支えようとしない

NG 腰が反ったり背中が丸まったりするのは、腹筋に力が入っていない証拠。腕だけで支えないで。

【プランク】

お腹全体
中級

腹筋がビリビリ
しびれるくらいまで!
90度
手は握る!

1 肩の真下に肘をつき、つま先を立てて体を持ち上げ全身をまっすぐに。5秒吸う→10秒吐く。

吸う→吐くを1セットとして4回

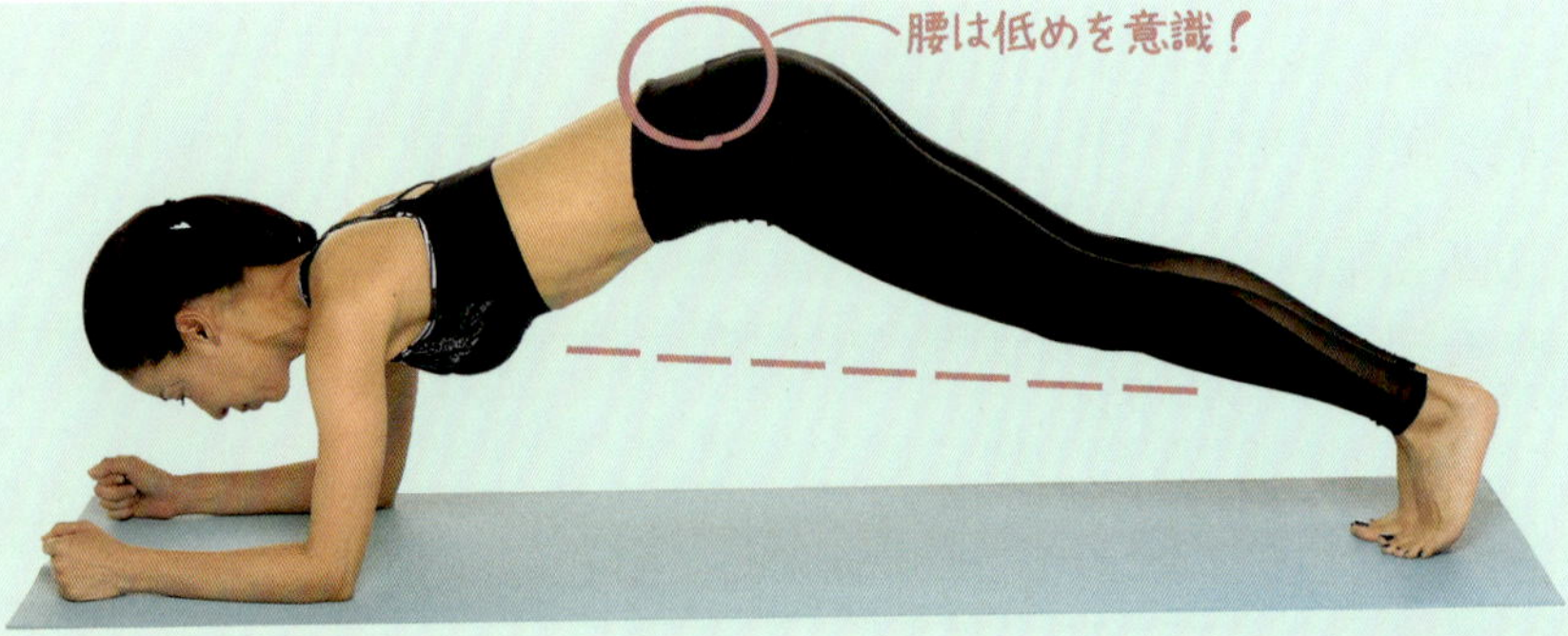
腰は低めを意識!

NG 肩が前後に動いたり、お尻が上がってしまっては効果半減。お腹に力を入れて1の体勢を維持。

Q 「プランクの注意点はなんですか?」

A 呼吸を止めず、腹筋を縮めて息を吐ききること。これは全トレーニング共通の注意点ですが、特に同じ体勢をキープするプランクはつい息を止めてしまいがち。呼吸を忘れずに!

【プランク＋脚の曲げ伸ばし】

お腹全体
上級

1 肩の真下に手をつき、つま先を立てて体を持ち上げ、頭からかかとをまっすぐに。５秒息を吸う。

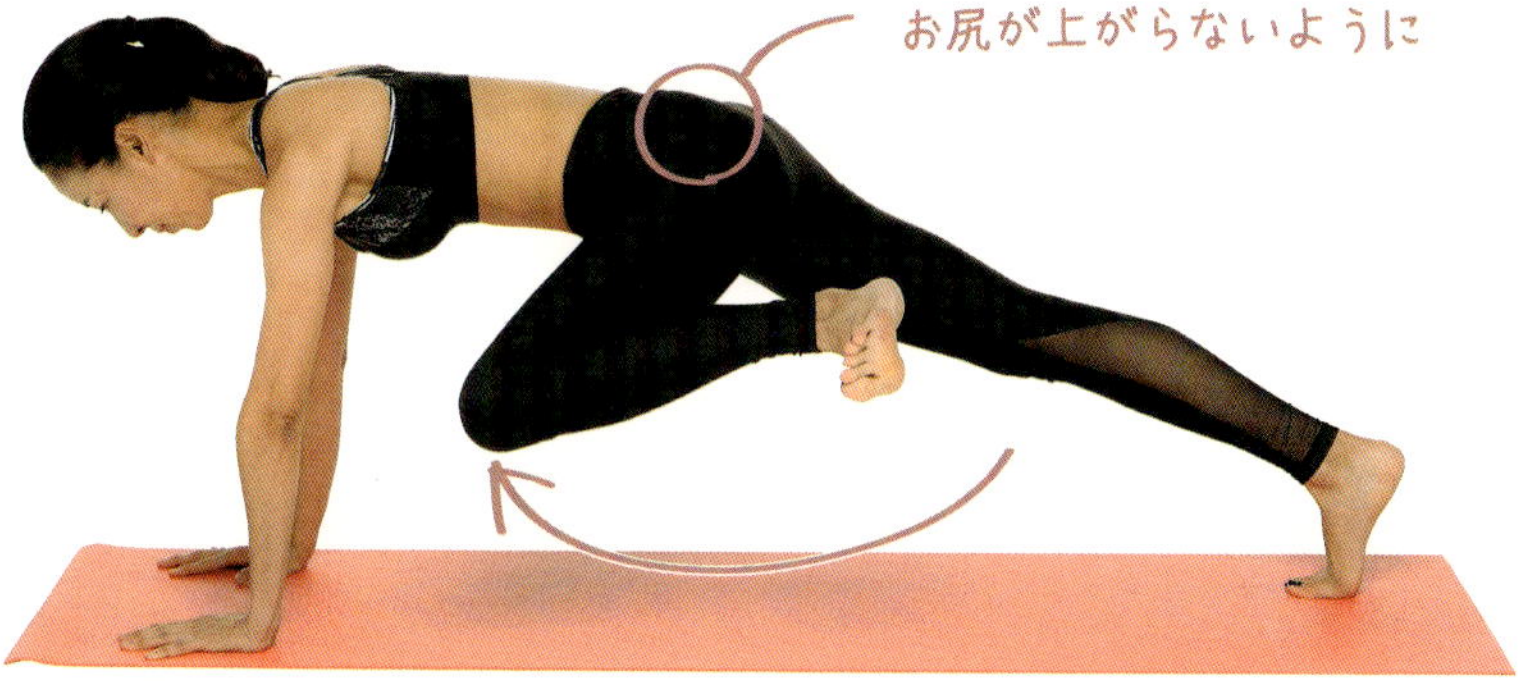

2 体をまっすぐにしたまま、10秒で息を吐きながら、片脚を平泳ぎするように横へ開いて曲げ伸ばし。逆の脚も同じように曲げ伸ばし。

1〜2を1セットとして4回

【プランク＋脚の上げ下げ】

お腹全体
チャレンジ

プランクの体勢をとって５秒息を吸い、10秒かけて吐く間中、脚を左右交互に上げ下げ。

吸う→吐いて上げ下げを1セットとして4回

#腹筋女子に聞きました!

Vol.3

Q 日常生活で気をつけていることは?

トレーニング以外でも、ボディメイクのためにできることはたくさん。#腹筋女子たちの日常には、たゆまぬ努力があるのです!

姿勢を正しく。重心は真ん中を意識!

常に腹筋に力を入れて、**腹筋を触り**ながら歩く!

aloha168cm_bodymake さん
blenda0305 さん

睡眠をよく取る

aloha168cm_bodymake さん　azuki322 さん

毎日体型記録を撮る

aloha168cm_bodymake さん

脚は組まない!

i.am.manyeo さん

寝る前は必ずボディクリームで**マッサージ**

i.am.manyeo さん

キレイな人を見てつねに刺激をもらう

mao.1224.0414 さん

朝晩に**白湯**を飲む

azuki322 さん

1人のときは**大股早歩き**で!

mao.1224.0414 さん

＃腹筋女子に聞きました！

Vol. 4

Q 食事面で意識していることは？

やはり意識しているのは、 筋肉が喜ぶ食事。ただしストレスにならない程度のほどよさが、継続の秘訣のよう。

azuki322 さん

高タンパク質、低脂質、低糖質。
とはいえ筋肉をつけるには
炭水化物も大事。食べる
時間に気をつけて、
しっかり摂ってます　azuki322 さん

野菜から食べる　naomi.iwa さん

余計な調味料は使わず、
素材の味を楽しむ　aloha168cm_bodymake さん

タンパク質を意識して摂取

sei_diet さん

sei_diet さん

プロテインを日々飲んで筋肉アップをサポート

blenda0305 さん

朝晩は**腹八分目**、
夜は炭水化物抜き！　mao.1224.0414 さん

makahou_ さん

朝食重視で量の制限はせずに
栄養バランス、タンパク質、
彩りを意識！　makahou_ さん

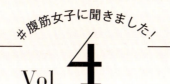

#腹筋女子への道 4

「食べる」効率的に筋肉を増やす食事とは？

筋肉を増やす食事 / 1

高タンパク質・低脂肪のいろいろな食材を毎日摂る

食事も腹割において重要な一要素。**食べる量を減らすだけの食事制限は、栄養不足で筋肉量が落ちてしまう原因に。**#腹筋女子が摂るべきはズバリ、高タンパク・低脂肪の食材。具体的には、鶏ささみや鶏むね肉、ヒレ肉、イカなどが代表格で、これらを一食あたり手の平1枚分の量を目安に摂るのが理想的です。また、注意してほしいのが糖質。ダイエットの敵というイメージから避けられがちだけれど、**実は、糖質は筋肉が分解されるのを抑えるのに欠かせない**もの。完全オフはせず、朝食・昼食を中心に炭水化物を適量摂ることで、筋肉が落ちるリスクを減らしてください。

おすすめ食材

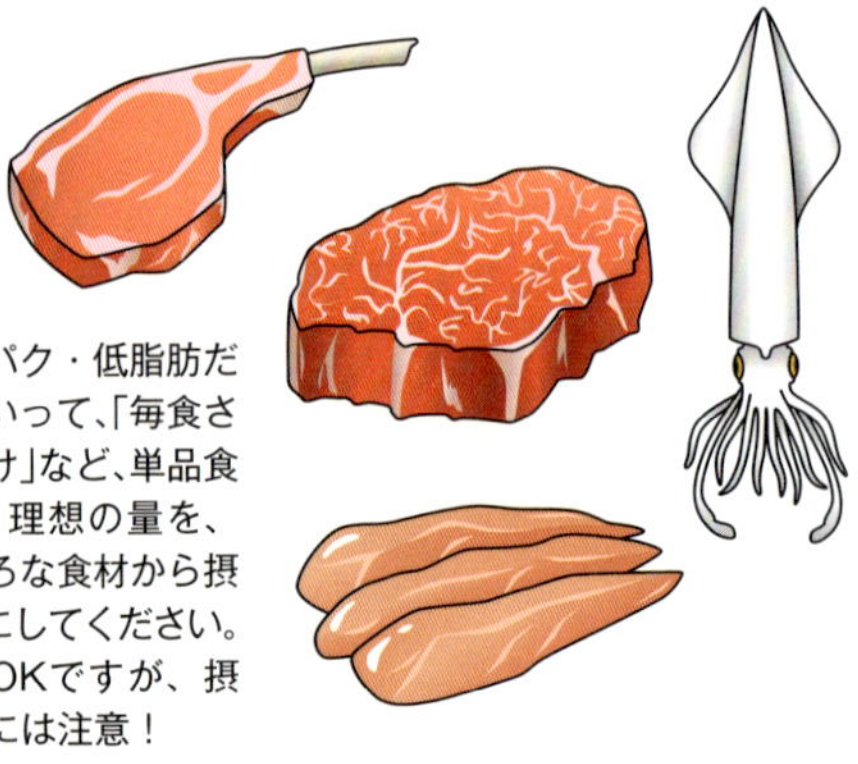

高タンパク・低脂肪だからといって、「毎食ささみだけ」など、単品食はNG。理想の量を、いろいろな食材から摂るようにしてください。糖質はOKですが、摂りすぎには注意！

筋肉を増やす食事

2

ソイ or ホエイ?
プロテインは相性をチェック

高タンパク・低脂肪の食事が大事とわかっていても、時間がなかったり外食が続いたりで思い通りに摂れないことも。そんなとき頼りになるのが市販のプロテイン。**トレーニング前後のほか、1食を置き換えたり間食にしたりして、食事だけでは不足してしまうタンパク質を補充**して。ただし、プロテインなら何でもOKというワケではないので要注意。人工甘味料などの添加物が入っていないかをチェックして、それらが多いものは避けること。また、大豆が原料のソイプロテインか牛乳が原料のホエイプロテインかで、体に合う・合わないがあるので、数日摂ってみて、もし下痢や体調不良が起こるようであれば別のプロテインに替えるなど、自分に合うものを摂ることも重要です。

おすすめプロテイン

飲む美容液「ボーンブロス」で美しく!

EMO牛の骨を長時間煮込んだ栄養素の詰まった黄金エキス。ボーンブロス5個セット/代官山サラダ

大豆、アーモンドミルク、玄米の3種のプロテイン入り。飲みやすい味。ソイリーン ドリンク 480g/ソラーチェ代官山

引き締まった体作りをサポートする大豆プロテインを100%使用。ザバス ソイプロテイン100 1050g/明治

つい飲みたくなるおいしさ。AYA'Sセレクション スーパーフード ソイプロテインスムージー 300g/ファイン

筋肉を増やす食事 / 3

吸収できないと意味なし。腸内環境を整える！

トレーニングを毎日行い、食事も気をつけているのに、イマイチ筋肉がつかない。これってタンパク質が足りてないってこと?……それは、食事の摂り方が悪いのではなく、吸収力に問題があるのかも。**腹割に限らず、ダイエットでも健康増進でも、食事面でベースとなるのは胃腸の消化吸収力**。十分な栄養を摂っても、それをきちんと取り込むことができないと、いくら食べてもムダになってしまいます。消化吸収力を上げるには、まずはよくかむこと。そして次に「腸内環境を整える」、これに尽きます。例えば、グルテンが腸にはりつき炎症を起こしてしまう小麦、未消化のものが腸の炎症を引き起こす乳製品、善玉菌を殺してしまう保存料、悪玉菌を増やす白砂糖などの腸内環境を乱す食品をなるべく避け、同時に乳酸菌を積極的に摂る。そんな食品の作用にも気をつけて、**健康な腸＝吸収力の高い腸をつくっていきましょう**。

あなたの腸は大丈夫？　美腸チェックリスト

チェックがつくほど美腸度㊭

- [ ] 毎日１～２回便通がある
- [ ] ほぼ下痢することがない
- [ ] バナナ状の便が出ている
- [ ] 便のにおいが強くない
- [ ] 便の色がソフトブラウン

筋肉を増やす食事 4

「水分」と「水」は別モノ。正しい水を摂ろう

腹割の食事で、もうひとつ大事なのが水分。よく一日2リットルの水を飲むといいといわれるけれど、これはあながち間違いではなく、**腹割をするうえでは最低でも一日につき体重×30ml、体重が50kgなら一日最低1.5リットルの水をこまめに摂るのが正解**です。そしてこのとき注意すべきなのが、「水分」ではなく「水」を摂るということ。お茶やコーヒーといった飲み物ではなく、あくまでも「水」を飲むことが重要です。それが体内の流れを作り、筋トレの効率を上げ、さらにはむくみ解消にもつながるのです。ちなみに、汗をかくからとスポーツドリンクを飲むのはNG。人工甘味料が多く含まれるため、糖分が多いうえに腸内環境も悪化させてしまいます。

NG!

ヘルシーであっても、お茶類はトレーニング中に摂る水分としては不向き。実は人工甘味料をたっぷり含むスポーツドリンクも厳禁。

OK!

トレーニング中に摂る水分としてベストなのはミネラルウォーター。硬度が高いほうがオススメだけれど、味が気になる人は軟水でもOK。

#腹筋女子への道

第一歩編

体脂肪率24%以上の人がまずすべきこと

隠れた敵「冷え・むくみ」の解消から

体脂肪率が24%以上の人の場合、トレーニングを1カ月間行ったとして、サイズダウンはできてもタテ線まできれいに出せるかというと、正直、難しいところ。なぜなら、脂肪は内臓脂肪→皮下脂肪の順に落ちていくため、1カ月では、まだ皮下脂肪が腹筋を覆うように残っている可能性が高いから。でも、1カ月でタテ線を出すのをあきらめることはありません。別方向からアプローチすることで、効率的に脂肪を落とし、タテ線を出すことは十分可能です。

その別方向からのアプローチこそ、冷えとむくみの解消。**冷えとむくみは体の代謝を悪くさせ、脂肪の燃焼を妨げる大きな原因**のひとつ。左のチェックリストで該当する項目が多い人は、自覚していなくても、冷え・むくみ体質の可能性大。湯船につかる、冷たい飲み物を避ける、保温インナーを身につけるなどして、体を温める工夫を。同時に、有酸素運動と肩甲骨の褐色脂肪細胞を刺激する背筋トレーニングを行えば、さらに効果的です。

あなたの冷え度 CHECKLIST

- ☑ お腹を触るとひんやりしている
- ☑ お尻を触るとひんやりしている
- ☑ 便秘がち or お腹をこわしやすい
- ☑ 一日に摂る水分量が1.5リットル未満
- ☑ 汗の質がドロッとしている
- ☑ 毎日お酒を飲んでいる
- ☑ ほとんど運動をしてこなかった
- ☑ 塩辛いものが好き
- ☑ 脂肪が多く筋肉量が少ない
- ☑ 夕方になるとむくんで脚が太くなる

1 体脂肪率24％以上なら 有酸素運動＋背筋トレーニングで 脂肪燃焼！代謝アップ！

Metabolism up-1

脂肪を燃やす！ その場マラソン

お腹と体幹を
意識して
腿の力だけで走らない

TVを観ながらでもOK!
20分以上その場でラン

時間帯も場所もウエアにも悩まず誰でもできる有酸素運動、その場マラソン。ダラダラ行わず、しっかり腕を振り、腿を上げて行うのがポイント。10分くらいから始めて、慣れたら20〜30分行って。

Metabolism up-2

背中を鍛える！ 背筋トレーニング

勢いでなくゆっくり
時間をかけて下ろす

肩甲骨を寄せる
イメージ

脂肪燃焼を促す肩甲骨の
周辺の褐色脂肪細胞を刺激

椅子に座って背すじを伸ばし、背中を丸めないよう少し前傾して両腕を伸ばす。そのまま両腕を曲げていき左右の肩甲骨を近づける。腕を曲げる、ではなく、肩甲骨を寄せるのを意識。10回×３セット。

背筋もしっかり鍛えて
効率よく体を引き締める

うつ伏せに寝たら、両腕と両脚を伸ばし床から少し浮かせる。腕を曲げて肩甲骨を寄せると同時に、さらに背中を反らしていく。お尻をキュッと締めて、腹筋を使って反らすのがコツ。10回×３セット。

腰の力でなく
お腹を意識して

体脂肪率24%以上なら

2 筋肉を落とさず脂肪を減らすには

タンパク質重視のダイエットを

腹割トレーニング、冷えとむくみの改善、有酸素運動、背筋トレーニング。この4つのメソッドの効果が上がるかどうか、**鍵を握るのは、やっぱり食事**。たくさん運動しているから、糖質も摂らなきゃダメだから……と、炭水化物や油っこいものを必要以上に許してしまうと、トレーニングが台無しに。高タンパク・低脂肪という基本を守りながら、トレーニング中は推奨量の1・3～1・4倍の量を摂るようにして、とにかく**タンパク質重視の食事を心がけること。糖質も、完全カットはNGだけれど、摂りすぎるのもダメ**なので、例えば、朝や昼は主食を少なめに摂って夜は主食を抜く、スイーツは禁止など、摂取量をコントロールして。

＃腹筋女子の食事　まとめ

筋トレ中に気をつけたい10のこと

1

スポーツドリンクはデブへの道。
水分補給は「**水**」で

2

オメガ3の良質な油を摂って、カサカサ腹筋女子防止

3

アルコールは禁止。
筋肉を分解してしまいます！

4

プロテインは必須！
カロリー、糖分には注意

5

果糖ブドウ糖液糖やアスパルテーム、実は**肥満のもと**

6

積極的に乳酸菌を。
乳製品よりサプリがおすすめ

7

カロリーにとらわれすぎるのは×。
食事は内容重視で！

8

筋トレの効果が出ないときは**腸内環境を見直して**みて

9

毎食鶏ささみだけ、などの**単品食は厳禁。**いろいろな高タンパク質・低脂肪食材を摂取

10

ハードな糖質制限は筋肉を落とす。筋トレ中は適度に糖質を

でこれだけ変わった!

#腹筋女子
始めました!!

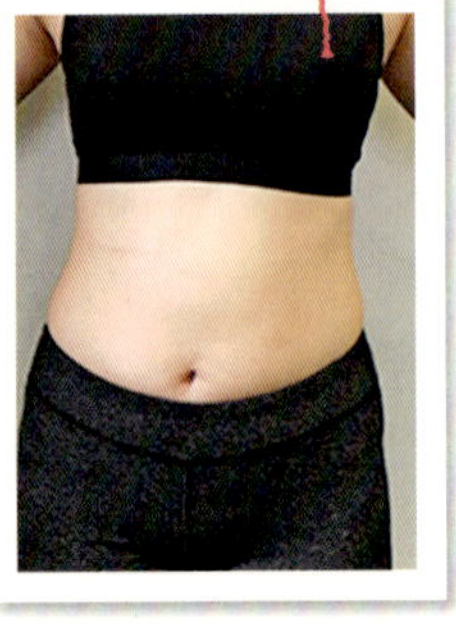

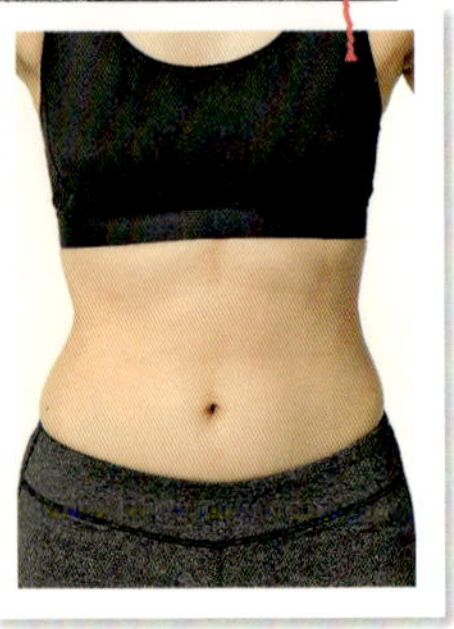

麻央先生のメソッドで1ヵ月

私たち、

麻央先生に教えてもらった最短腹割メソッド(P34〜63)で、30〜40代の会社員４人が人生初の腹割に挑戦。たった1ヵ月で、見た目にも内面にも大きな変化がありました！

ウエスト
−4.7cm！
くびれが出現

BEFORE

体重　53.0kg
体脂肪　24.4%
ウエスト　64.5cm
へそ下 80.5cm

AFTER

体重　49.7kg
体脂肪　22.8%
ウエスト　59.8cm
へそ下 72.0cm

人生で初めて、自分の**ウエストライン**が好きになりました！　41歳

最初は15秒もできなかったプランクが、1ヵ月後には余裕で1分キープできるように！

大好きな炭水化物は少なめに。プロテインやゆで卵でタンパク質を多めに摂取しました。

意志が弱く、炭水化物が大好きなので、結果を出せるかどうか正直不安でした。しかも40歳を超えて、自分の体型に諦めもありました。でも、やり始めてからは、変化していく腹筋の様子がモチベーションとなり、気がつけば1ヵ月で体重もサイズもかなりダウン！まわりの人から「痩せた！」「シルエットが変わった！」と言われたのが快感でした。

タテ線が出て、
背中も
スッキリ！

BEFORE

体重　49.2kg
体脂肪　21.6%
ウエスト　64.0cm
アンダーバスト　66.5cm

AFTER

体重　47.7kg
体脂肪　19.2%
ウエスト　60.5cm
アンダーバスト　65.0cm

「やってよかった！」その一言に尽きます。思考まで健やかになりました！　33歳

体幹が鍛えられて
姿勢もよくなりましたね！

タテ線が入ったお腹に憧れていたので、自分のお腹の変化に大満足！　体を動かすと頭がすっきりして、いろいろなことがポジティブに考えられるようになったのも嬉しい効果でした。また、プランクで体幹が鍛えられた成果か、7cmの高さのハイヒールを一日中履いても疲れなくなりました。これからも続けていきたいと思います！

背中が硬いので、仕事前や休憩中の「背中ほぐし」を日課にしました。

筋肉量を増やすために、赤身のお肉を積極的に食べました！

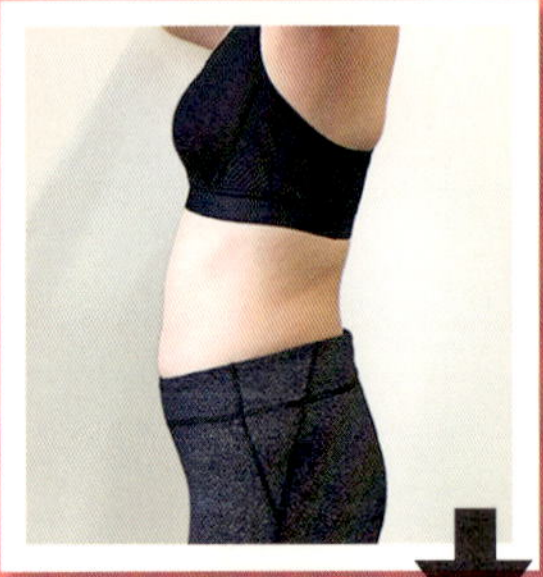

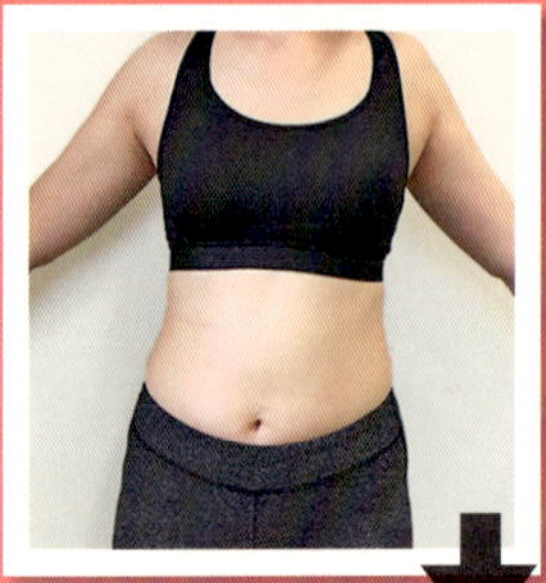

BEFORE

体重　54.5kg
体脂肪　27.3%
ウエスト　71.5cm
へそ下 86.0cm

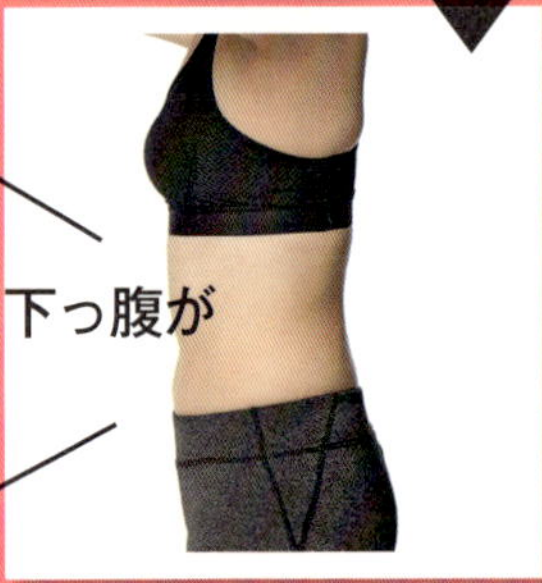

ぽっこり下っ腹が
凹んだ!!

AFTER

体重　52.1kg
体脂肪　25.5%
ウエスト　67.0cm
へそ下 82.5cm

筋トレ嫌いな私でも効果が！ 次は別の部位も鍛えたくなりました。 31歳

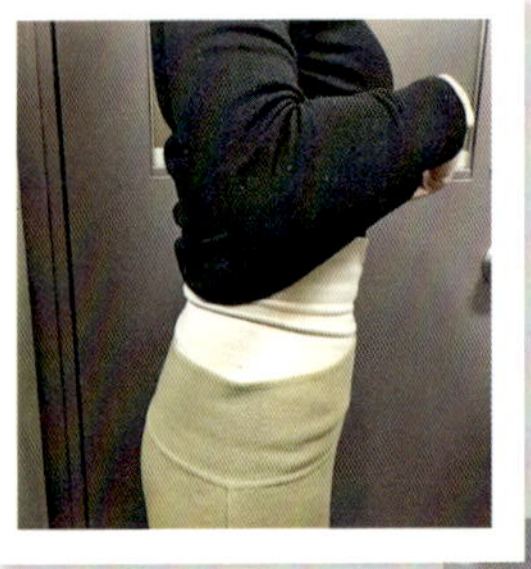

お風呂以外、一日中腹巻きを装着。胃腸の調子もよくなりました！

家では、野菜とお肉がバランスよく食べられるお鍋を定番メニューに！

運動が苦手な私にできるかな……と心配でしたが、初級の簡単なポーズから始められたので挫折せずにできました。腹筋は他の体の部位と違って見た目がすぐに変化するのが楽しい！　お腹が変わったら次は脚も、二の腕も……と、どんどん欲が出てきました。腹筋の一点集中エクササイズは、全身ダイエットを進めるうえでも近道だと思います！

わき腹の
はみ出たお肉が
スッキリ！

BEFORE

体重　61.5kg
体脂肪　30.4%
ウエスト　75.5cm
アンダーバスト 75.0cm

AFTER

体重　56.8kg
体脂肪　28.3%
ウエスト　69.5cm
アンダーバスト 72.8cm

自分の体は自分でコントロールできる。その快感で、筋トレにハマりました。 35歳

体脂肪率30％以上の人生を送ってきた私ですが、今回の体験で「自分は変われる！」という自信がつきました。正直、仕事もプライベートも思うようにはいきません。でも筋トレをすれば、少しずつではありますが、体型は思い通りに変化していきます。鏡に映ったくびれたウエストラインを見るたび、何とも言えない幸せな気持ちに浸っています！

お昼休みに会議室でこっそり「自転車こぎ」。

「腹筋割っています！」と周囲に宣言し、この１ヵ月の会食は、すべて焼き鳥にしてもらいました！

ストレスなく食生活を
変えられたのが◎

頑張る#腹筋女子を サポートするオススメグッズ

せっかくトレーニングしているのだから、その成果は存分に、いやそれ以上に体に響かせたい。

より効率よく美しくなるための、縁の下の力持ちたちを紹介!

なめらかで
引き締まった肌に!

温めケアで 溜め込まない体へ

クリーム&マッサージの相乗効果で温め、体の巡りをよくすることで、脂肪やセルライトの原因となる〝むくみ〟を解消し、スッキリボディに。ダマイ セルリファーム ボディクリーム 200g/ダマイ

細胞レベルで 若返りをサポート!

フォーム状のローションが肌にみるみる浸透。老化してしまった肌細胞そのものに働きかけて、健康的な美肌への生まれ変わりを促してくれる。トリムローション 120ml/ビオンヌ(ソラーチェ代官山)

にっくき凸凹 セルライトを撃退

一日2回のマッサージで、肌表面のいやな凸凹を消し去りつつ、セルライトの成長をも遅らせてくれる。そして柔らかくなめらかな肌へ導くボディ用クリーム。セルリ ノーヴ 200ml/シスレージャパン

冷え性女子のための あたため**腹巻き**

凸凹のある生地で血行をアップ！

(左)冷えは脂肪燃焼を妨げるダイエットの天敵。腹巻きで日常的に温めて。凸凹のある特殊生地が、血行をアップさせながらお腹のぜい肉をマッサージ。『ウエストシェイパー 美腹巻』／講談社

体の芯から温め、むくみを改善

(右)遠赤外線効果のある鉱石を練り込んだ糸を使用。気温や発汗量に左右されず、誰でも体の芯からしっかりと温まることができる。ビオンヌ コアウォームシェイパー／ソラーチェ代官山

小腹が空いたときの **お助けアイテム**

お腹を満たしつつタンパク質補給

(上)１本で10gのプロテインを補給できるのに、脂質はわずか0.7gという圧倒的な少なさ。高タンパク低脂肪で、カロリーはたったの108kcal。inバープロテイン グラノーラ 30g／森永製菓

まるごと大豆で腹持ちバツグン！

(中)大豆粉だけを生地に使用し、植物性タンパク質が豊富。低ＧＩ食品で糖質の吸収がおだやかなので安心。満足感があり、おやつにもおすすめ！SOYJOY 30g／大塚製薬

いつでもどこでも飲めるプロテイン！

(下)ゼリー状だから運動の前後や、ちょっとお腹が空いたときなど、いつでも手軽にプロテインをチャージできるのが魅力。ウイダー in ゼリー プロテイン 180g／森永製菓

＼ これもオススメ！ ／

医師監修の「処方箋サラダ」

代官山バジルシーザーサラダ

「悪いものは体に入れない」という信念のもと、医師が監修し、悪いものを一切使っていない厳選食材による料理が食べられるお店。人気の「処方箋サラダ」「処方箋スープ」は糖質制限、美肌など目的別に７種類。グルテンフリーラーメンも。通販もあり！ 代官山サラダ (住)東京都渋谷区代官山町14-10 TEL 03-6452-5683 (営)11:30 ～ 19:00(イートインは17時まで) (休)土曜

＃腹筋女子たちからのメッセージ

インスタで憧れのボディを披露している#腹筋女子たちはみんな、
「筋トレを始めて自分のことが好きになった」と口をそろえる。
そう、筋トレは、体を鍛えるだけのものじゃない。
人生を今よりもっと豊かに、ハッピーにしてくれる無敵の方法なのだ。
現実に、自らの手で人生を好転させた#腹筋女子たちからの
エールを胸に刻んで!

「少し頑張れば実現できる目標」と「最終的になりたい高い目標」の2つの目標をいつも用意して。明確な目標を立てたほうが、達成感につながって喜びも倍増します。**なりたい自分と出会える**ように、楽しみながら頑張りましょう

makahou_ さん

ボディメイクは、自分をもっと好きになれる手段の一つ。ただ外見を磨くだけでなく、**内側から健康でイキイキ**とした美しい女性が増えていったら最高！

aloha168cm_bodymake さん

Positive! Active! Happy!

aloha168cm_bodymake さん

「変えたい！　変わりたい！」と思っていることが、まずはとてもステキなこと。ボディメイクは貴重な時間とエネルギーを費やします。だからこそ「ツライこと、やらなきゃいけないこと」とは思わずに**「楽しいこと、好きなこと」**だと思ってほしい。そうなれば、自然とトレーニングに打ち込めて、きちんと結果がついてくると思います

aloha168cm_bodymake さん

ボディメイクをすると、自分を今よりもっとキラキラ輝かせることができる。**美味しく食べてしっかり動いてポジティブに。**
運動＝運を動かして、一緒にもっともっとハッピーになれますように

smilelife111 さん

Happy!

以前は、痩せてる人がうらやましい～とただただ思っていたけど、**キレイになるためにはみんな努力してるんだってこと、**ボディメイクを通して初めて気がつきました。私ができたのだから、努力すればだれもができる！けど、**諦めたらそこで終わり……です**

mao.1224.0414 さん

「継続は力なり！」「美は一日にしてならず！」少しずつでも努力すれば、絶対に変わります。無理せず楽しみながら、**諦めない気持ちで!!**

azuki322 さん

ボディメイクで最も必要なのは、**継続する力。「自分を信じる」「努力は必ず報われる」**を胸に、まずは始めてみましょう！

sei_diet さん

Positive! Ac

azuki322 さん

blenda0305 さん

見た目に変化が出てくると、不思議と前向きになれるんです。水着を着るのも億劫ではなくなります(笑)！　頑張った体は裏切りません。私もまだまだ途中です。一緒に頑張りましょうね

blenda0305 さん

私が憧れている#腹筋女子たちは、みな笑顔がとても輝いています。頑張っているときって眉間にシワが寄りがちですが、自分の体とじっくり向き合いながら**笑顔で続けていけば明るい未来**が待っていますよ

wasabi_bm さん

Positive! Active! Happy!

一日一日歳はとります。若いときは少しの努力でも変われたなあ……。そう思うときもあるけれど、もう若くないんだから仕方ない。だったら、**思う前に動こう！　カッコいい自分を目指して**

makahou_ さん

i.am.manyeo さん

私の場合、１日おきの筋トレが続けてこれた秘訣。続けなかったら意味がなし。**ストイックにならず、ストレスフリーで！**

nao_mi_74 さん

ダイエットやボディメイクにエレベーターはありません。でも、階段で少しずつ上っていくプロセスの力は強大です。**筋トレは、頑張ったぶん、ツラかったぶん、続けたぶんだけ必ず結果が出ます。**そして何より自分への信頼と自信を取り戻せます。誰かと比較することなく、今の自分に必要なことを**マイペース**に続けていけばいいんです！

i.am.manyeo さん

Positive!

私は出産後、自信のカケラもない醜い体になっていましたが、それでも努力は裏切らない。体は必ず応えてくれます。塵も積もれば山となる！**〝チリツモ〟でできることから継続してキレイな体を手に入れましょう！**

mao.1224.0414 さん

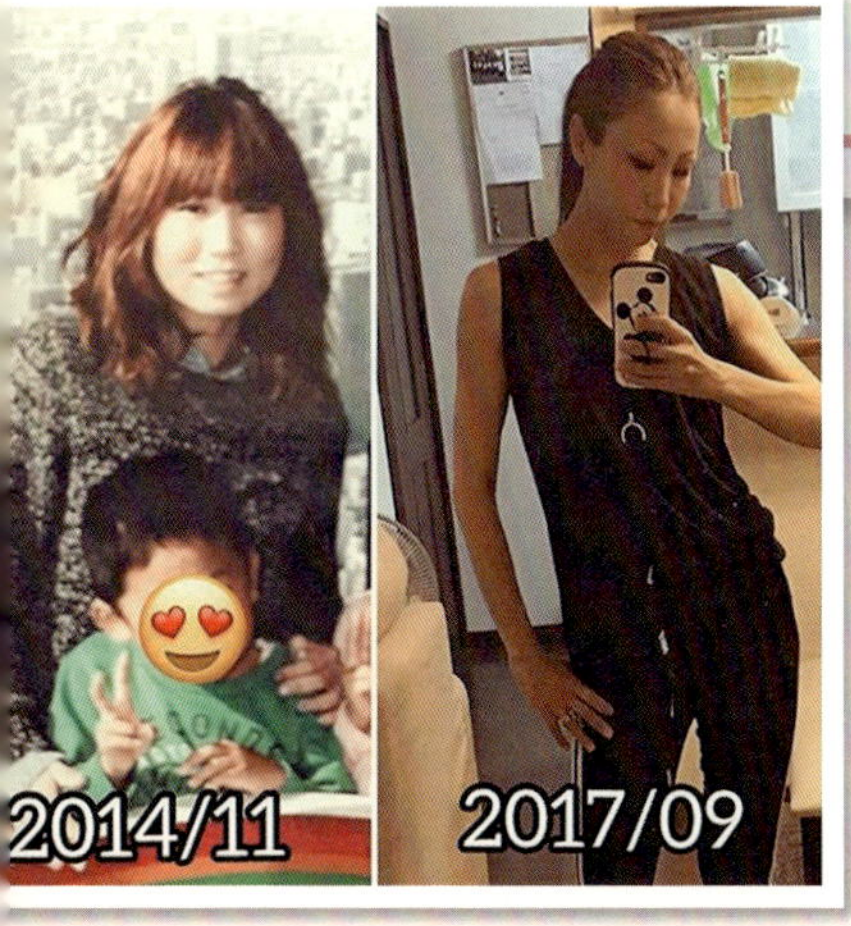

mao.1224.0414 さん

散々ぽっちゃり人生してきたからわかるんです。私だってまだ途中だし、リバウンドをするときもあるでしょう。でも、一旦やりきった気持ちがある今は、ちょっぴり自信がつきました。**筋トレは、すぐに結果は出ないです。**だって、すぐに太ったわけじゃないから。すべては、積み重ねることができるかどうか。これのみです！

smilelife111 さん

Positive! Active! Happy!

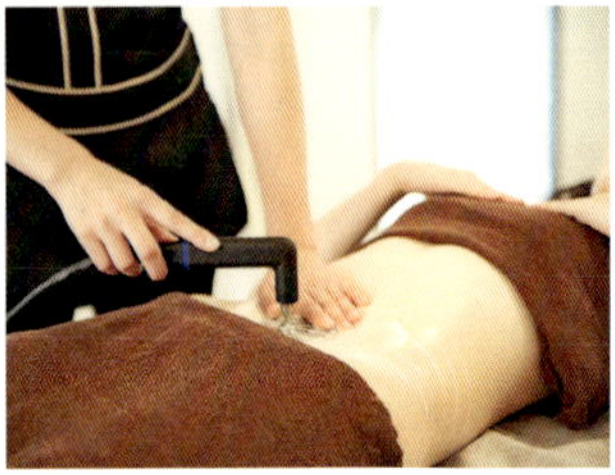

(写真上)週１回、たった30分でも効果が期待できるのは加圧だからこそ。マンツーマンで行うことによる効果実感！
(同下)短期の痩身を願う人、肩コリや腰痛に悩む人はインディバも合わせて行いたい。赤ちゃん、子どもと一緒もOK。

麻央先生の指導が受けられる！

腹筋を割りたい？ お腹を凹ませたい？ 全身痩せたい？ ……なりたい体になれる近道スタジオ

今回、女性のための最短腹割メソッドを作ってくれた山崎麻央先生、〝本業〟は加圧インストラクター、FTPピラティスインストラクターとして、プライベートスタジオ「ソラーチェ代官山」を経営しています。

大学卒業後、外資系IT企業に10年間勤めたのちにこの分野に飛び込んだという、異色の経歴を持つ麻央先生だからこその工夫があるスタジオは、育児でひとりの時間がとれない、仕事が忙しい、運動が苦手、加圧自体が不安――多くの人々が持つそんな悩みや不安を取り除く配慮がされています。特に女性は単に細い体を目指すのではなく、美しい健康体を目指して、栄養士による食カウンセリングやファスティング、遅発型フードアレルギー検査などのアドバイスも充実。通えない言い訳はもうできません。麻央先生のもとで理想の体に！

ソラーチェ代官山

㊟東京都渋谷区恵比寿西2-20-15　ソルスティス代官山1F　TEL03-3780-5770　㊢10:00～20:00　㊡火曜　完全予約制
http://www.solace-daikanyama.com/

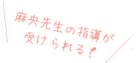

掲載商品等お問い合わせ先

大塚製薬　お客様相談室	☎ 0120-550-708
講談社	☎ 03-5395-3529
シスレージャパン	☎ 03-5771-6217
ソラーチェ代官山	info@solace.com
代官山サラダ	☎ 03-6452-5683
ダマイ（ダマイ オンラインストア）	☎ 0120-071-148
ファイン　お客様相談室	☎ 0120-056-356
明治　お客様相談センター	☎ 0120-858-660
森永製菓　お客様相談室（ウイダー in ゼリー）	☎ 0120-560-162
森永製菓　お客様相談室（BAR プロテイン）	☎ 0120-560-168

＼ 食事監修（P54～63）をしてくれたのはココ！ ／

代官山クリニック

㊟東京都渋谷区代官山町14-10　LUZ代官山2F
TEL03-6809-0930
http://www.daikanyamaclinic.com

外側からの美容医療だけでなく、内側からの本物の美のため、分子栄養学を学んだ院長が栄養外来を行い、また専門のスタッフによる姿勢や呼吸の改善も指導している、まさに「女性のためのクリニック」。

山崎《やまざき》　麻央《まお》

ソラーチェ代官山主宰。加圧、FTPピラティスインストラクター。
慶應義塾大学卒業後、外資系IT企業に10年間勤務。出産を機に退職し、加圧トレーニングやピラティス、インディバ、食カウンセリングほか、多角的に体のケアを行うプライベートスタジオをオープン。自ら指導を行うほか、セミナー講師、雑誌や書籍の監修等でも活躍。また、化粧品、健康食品等の開発にも携わっている。

STAFF

撮影	大坪尚人（講談社写真部）
ヘアメイク	正木万美子
アートディレクション	村沢尚美
デザイン	村沢尚美 + 宮崎恭子
イラスト	片柳綾子（DNPメディア・アート OSC）
編集協力	宮下弘江、山本真沙子
衣装協力	UNDER ARMOUR

講談社の実用BOOK

#腹筋女子《ふっきんじょし》
お腹《なか》が割《わ》れたら人生《じんせい》変《か》わった！

2017年12月 6 日　第 1 刷発行
2018年 2 月 8 日　第 4 刷発行

監 修 者　山崎麻央《やまざきまお》

発 行 者　鈴木 哲
発 行 所　株式会社 講談社
〒112-8001
東京都文京区音羽 2-12-21
編集　☎03-5395-3529
販売　☎03-5395-3606
業務　☎03-5395-3615

印 刷 所　大日本印刷株式会社
製 本 所　株式会社国宝社

落丁本・乱丁本は購入書店名を明記のうえ、小社業務あてにお送りください。送料小社負担にてお取り替えいたします。なお、この本についてのお問い合わせは、生活文化あてにお願いいたします。本書のコピー、スキャン、デジタル化等の無断複製は、著作権法上での例外を除き禁じられています。本書を代行業者等の第三者に依頼してスキャンやデジタル化することは、たとえ個人や家庭内の利用でも著作権法違反です。定価はカバーに表示してあります。

ISBN 978-4-06-299889-5　©Kodansha 2017, Printed in Japan